Gerald Hiebel

Architektur eines ontologiebasierten Geoinformationssystemes

Gerald Hiebel

Architektur eines ontologiebasierten Geoinformationssystemes

Datenintegration in interdisziplinären Projekten

Südwestdeutscher Verlag für Hochschulschriften

Impressum/Imprint (nur für Deutschland/only for Germany)
Bibliografische Information der Deutschen Nationalbibliothek: Die Deutsche Nationalbibliothek verzeichnet diese Publikation in der Deutschen Nationalbibliografie; detaillierte bibliografische Daten sind im Internet über http://dnb.d-nb.de abrufbar.
Alle in diesem Buch genannten Marken und Produktnamen unterliegen warenzeichen-, marken- oder patentrechtlichem Schutz bzw. sind Warenzeichen oder eingetragene Warenzeichen der jeweiligen Inhaber. Die Wiedergabe von Marken, Produktnamen, Gebrauchsnamen, Handelsnamen, Warenbezeichnungen u.s.w. in diesem Werk berechtigt auch ohne besondere Kennzeichnung nicht zu der Annahme, dass solche Namen im Sinne der Warenzeichen- und Markenschutzgesetzgebung als frei zu betrachten wären und daher von jedermann benutzt werden dürften.

Coverbild: www.ingimage.com

Verlag: Südwestdeutscher Verlag für Hochschulschriften GmbH & Co. KG
Heinrich-Böcking-Str. 6-8, 66121 Saarbrücken, Deutschland
Telefon +49 681 37 20 271-1, Telefax +49 681 37 20 271-0
Email: info@svh-verlag.de

Zugl.: Innsbruck, Universität Innsbruck, Dissertation, 2012

Herstellung in Deutschland (siehe letzte Seite)
ISBN: 978-3-8381-3232-7

Imprint (only for USA, GB)
Bibliographic information published by the Deutsche Nationalbibliothek: The Deutsche Nationalbibliothek lists this publication in the Deutsche Nationalbibliografie; detailed bibliographic data are available in the Internet at http://dnb.d-nb.de.
Any brand names and product names mentioned in this book are subject to trademark, brand or patent protection and are trademarks or registered trademarks of their respective holders. The use of brand names, product names, common names, trade names, product descriptions etc. even without a particular marking in this works is in no way to be construed to mean that such names may be regarded as unrestricted in respect of trademark and brand protection legislation and could thus be used by anyone.

Cover image: www.ingimage.com

Publisher: Südwestdeutscher Verlag für Hochschulschriften GmbH & Co. KG
Heinrich-Böcking-Str. 6-8, 66121 Saarbrücken, Germany
Phone +49 681 37 20 271-1, Fax +49 681 37 20 271-0
Email: info@svh-verlag.de

Printed in the U.S.A.
Printed in the U.K. by (see last page)
ISBN: 978-3-8381-3232-7

Copyright © 2012 by the author and Südwestdeutscher Verlag für Hochschulschriften GmbH & Co. KG and licensors
All rights reserved. Saarbrücken 2012

Danksagung

Mein besonderer Dank gilt meinem Doktorvater, Herrn Prof. Dr. Klaus Hanke, der mir die Möglichkeiten einer wissenschaftlichen Karriere durch die Einbringung in das Projekt HiMAT und die Betreuung dieser Doktorarbeit eröffnete. Seiner Unterstützung, sowohl fachlicher Natur als auch seiner persönlichen Führung bei meinen wissenschaftlichen Forschungen ist es zu verdanken, dass ich über diese Arbeit in ein internationales Netzwerk Eingang gefunden habe, das an der fächerübergreifenden und archäologischen Datenmodellierung mit Hilfe von Ontologien in Zusammenhang mit Geoinformationssystemen arbeitet. Die stets offene Tür mit einem offenen Ohr hat eine kommunikative und damit sehr produktive Arbeitsatmosphäre geschaffen.

Ohne meine Kollegen innerhalb des SFB HiMAT wäre es ebenfalls nicht möglich gewesen diese Arbeit zu realisieren, da erst sie mir näher gebracht haben, was in ihren Disziplinen von Bedeutung ist und mit welchen Augen sie die Welt betrachten. Die kontinuierlichen Anstrengungen zur Erarbeitung eines gemeinsamen Thesaurus und zur Befüllung der Datenbank machten die hier präsentierten Ergebnisse erst möglich. Die Zusammenarbeit in diesem großen heterogenen Team hat Spaß gemacht.

Meiner Frau Anja danke ich für die Begleitung während dieser ganzen Zeit, angefangen von endlosen Gesprächen während Wanderungen bis zur hin zur moralischen und seelischen Unterstützung in Situationen, wo ich nicht wusste wie ich da am besten weitermache. Ihre Mutter Sonja Cserveny hat die mühsame und langwierige Aufgabe übernommen diese Arbeit Korrektur zu lesen. Danke.

Das Interesse für Archäologie, Geschichte und Kulturgut gepaart mit der Neugier auf das Unbekannte und der Offenheit für das Fremde, verdanke ich meiner Mutter. Die Möglichkeit mit diesen Themen zu arbeiten bereichert mein Leben und ich bin froh, dass diese Interessen in mir geweckt wurden und immer wieder neue Perspektiven eröffnen.

Ich bedanke mich darüber hinaus beim Österreichischen Fond zur Förderung der Wissenschaftlichen Forschung (FWF) für die großzügige finanzielle Unterstützung dieses Projektes (FWF Projekt F3114), sowie bei den Landesregierungen von Tirol, Vorarlberg, Salzburg und Südtirol, sowie den Gemeinden in den Bergbaugebieten für ihre Förderungen und die, im Zuge des Projektes, zur Verfügung gestellten Daten.

Kurzfassung

Diese Arbeit liefert einen Beitrag zur Datenintegration in interdisziplinären Projekten im Kontext der Kulturgutdokumentation. Die präsentierte Architektur verwendet die für diesen Bereich entwickelte ISO zertifizierte Ontologie des CIDOC CRM und beinhaltet räumliche Daten, die es ermöglichen Geoinformationssysteme (GIS) für Visualisierungen und Analysen zu benutzen. Bedeutende Ergebnisse sind eine Methode, um Wissen in einem interdisziplinären Projekt zu strukturieren, eine relationale Datenbank, die eine Repräsentation des CIDOC CRM in Kombination mit räumlichen Daten beinhaltet, sowie Benutzerschnittstellen und interaktive Karten (Web GIS), um auf ontologisch strukturierte Daten über das Internet zuzugreifen.

Die Architektur wurde im Zuge des interdisziplinären Spezialforschungsbereiches HiMAT (History of Mining Activities in the Tirol and adjacent areas) entwickelt, in dem zehn Disziplinen an der Erforschung der Geschichte des Bergbaus in den Ostalpen arbeiten. Der Aufbau der Architektur ist mit Beispielen aus dem Projekt HiMAT illustriert. Dieser Ansatz betont die Skalierbarkeit der ontologischen Datenintegration. Dem Benutzer wird die Möglichkeit gegeben, schrittweise zu einer ontologischen Datenrepräsentation zu kommen, abhängig von seinen Bedürfnissen und Ressourcen. Dadurch soll die Umstellung auf ein ontologisches Datenmodell erleichtert werden.

Die Architektur ist in einen methodischen Teil und einen Umsetzungsteil gegliedert. Drei konzeptionelle Schritte führen zu einer ontologischen Wissensrepräsentation. Zuerst wird der Umfang der gewünschten Wissensrepräsentation definiert, dann werden die für diese Repräsentation notwendigen Klassen und Eigenschaften der Ontologie identifiziert und am Ende wird ein Thesaurus spezifiziert, der die Ontologie für das abzubildende Wissen spezialisiert. Der Umsetzungsteil gliedert sich ebenfalls in drei Bereiche. Am Anfang steht der Aufbau eines Geoinformationssystems mit einer gemeinsamen räumlichen Datenbank. Dann werden digitale Ressourcen in einem über das Internet zugänglichen Content Management System gespeichert. Der dritte und wichtigste Schritt ist die Implementierung einer Datenbank mit Benutzerschnittstellen. Die Datenbank inkludiert die Repräsentation des CIDOC CRM, ontologisch strukturierte Daten und räumliche Daten. Interaktive Karten als Benutzerschnittstellen erleichtern das Verständnis von komplexen Inhalten, die einen räumlichen Bezug aufweisen. Mit dem Beispiel einer Karte, die Forschungsaktivitäten innerhalb des Projektes und die Zusammenarbeit an den einzelnen Plätzen zeigt, wird die

Architektur dargestellt und die Vorteile und Herausforderungen eines ontologischen Datenmodells in Kombination mit GIS diskutiert.

Schlüsselwörter: Geoinformationssystem (GIS), Datenbank, Ontologie, CIDOC CRM, Kulturgutdokumentation

Abstract

This work contributes to the topic of data integration in an interdisciplinary project in the context of cultural heritage documentation. An architecture is presented how to integrate data using the ISO certified ontology of the CIDOC CRM, which was developed for cultural heritage documentation. Spatial data are included in the integration process in order to use Geoinformation systems (GIS) for visualisation and analysis. Major results are a concept to structure knowledge in an interdisciplinary project, a relational database holding a representation of the CIDOC CRM in combination with spatial data and interfaces to access the ontological structured data over the internet one of them being an interactive map (Web GIS).

The architecture was developed in the course of the interdisciplinary special research project HiMAT (History of Mining Activities in the Tirol and adjacent areas) where ten disciplines (Archaeology, Linguistics, Surveying and Geoinformation, European Ethnology, History, Mineralogy, Botany, Archeozoology, Dendrochronology, Petrology) research commonly on the history of mining activities from prehistoric to modern times. The building of the architecture is exemplified with the way it was realized within the project HiMAT.

This approach emphasizes the scalability of the ontological data integration process. It gives the user the possibility to do a gradual transfer to ontological structures depending on the needs and available resources. Thus it should be easier to adopt an ontological data model.

The architecture is divided into a methodical part and an implementation part. There are three steps of conceptual work that range from a scope definition of the desired knowledge representation over ontology class and property identification to a thesaurus specification for the specialization of the ontology in the particular field. The implementation work is divided into three steps that lead from the building of a Geoinformation system with a common spatial database to a Content Management System for digital resources and as the final and most important step to a relational database with user interfaces. The database consists of the representation of the CIDOC CRM, the ontological structured data and spatial data. User interfaces are a crucial issue that are decisive if a system is accepted by the users and therefore filled with content. Interactive map interfaces facilitate the understanding of complex content with a spatial context.

On the example of the specific task to create a map showing research activities and their collaboration within the project the architecture is further illustrated and the advantages and challenges of using an ontology for this task are discussed.

Keywords: Geoinformation Systems, Database, Ontology, CIDOC CRM, Cultural Heritage Documentation

Abkürzungsverzeichnis

BEV	Bundesamt für Eich- und Vermessungswesen
CIDOC	Comité international pour la documentation
CIDOC CRM	CIDOC Conceptual Reference Model
CMS	Content Management System
HiMAT	History of Mining Activities in the Tirol and adjacent areas
ICOM	International Council of Museums (Internationaler Museumsrat)
OWL	Web Ontology Language
RDF	Resource Description Framework
SFB	Spezialforschungsbereich
SQL	Structered Query Language
STAR	Semantic Technologies for Archaeological Resources
STELLAR	Semantic Technologies Enhancing Links and Linked data for Archaeological Resources

Inhaltsverzeichnis

1 Einleitung _____ 13

2 Integration von Datenbeständen für interdisziplinäre Forschung im Kontext der Kulturgutdokumentation _____ 17

   2.1 Institutionelle und projektbezogene Beispiele _____ 18

      2.1.1 Deutsches Archäologisches Institut (DAI) _____ 18

      2.1.2 Exzellenzcluster TOPOI - The Formation and Transformation of Space and Knowledge in Ancient Civilizations _____ 18

      2.1.3 Chwh - Cultural History Information System for the Western Himalaya _____ 19

      2.1.4 STAR - Semantic Technologies for Archaeological Resources _____ 19

   2.2 Der interdisziplinäre FWF-Spezialforschungsbereich (SFB) HiMAT _____ 19

      2.2.1 Organisationsstruktur des SFB HiMAT _____ 22

      2.2.2 Projektteil 14: Vermessung und Geoinformation _____ 26

3 Wissenschaftstheoretische Grundlagen _____ 27

   3.1 Wissenschaftliche Ansätze und Methoden _____ 27

      3.1.1 Naturwissenschaften – der analytische Ansatz _____ 29

      3.1.2 Naturwissenschaften – der evolutionäre Ansatz _____ 32

      3.1.3 Geisteswissenschaften – Hermeneutik und Dialektik _____ 32

      3.1.4 Evolution als Analogie _____ 34

      3.1.5 Interdisziplinäre Forschung _____ 35

   3.2 Ontologien _____ 36

      3.2.1 Grundlagen _____ 36

      3.2.2 Formale Ontologien in der Informatik _____ 37

      3.2.3 Die formalen Ontologie des CIDOC CRM _____ 38

4 Methodik _____ 40

   4.1 Datenbestände und Definition der gemeinsamen Informationen _____ 40

   4.2 Die formalen Ontologie des CIDOC CRM innerhalb des SFB HiMAT _____ 44

      4.2.1 CRM Klassen für den SFB HiMAT _____ 44

      4.2.2 CIDOC CRM Eigenschaften für den SFB HiMAT _____ 47

4.3 Definition eines Thesaurus _____ 49

4.4 Beispiel der Repräsentation eines archäologischen Ausgrabungsplatzes _____ 52

5 Umsetzung _____ **55**

5.1 Stand der Forschung _____ 56

5.1.1 Objektrelationale Geodatenbanksysteme und Web GIS _____ 56

5.1.2 GIS Anwendungen innerhalb der Archäologie und Kulturgutdokumentation _____ 57

5.1.3 CIDOC Conceptual Reference Model (CRM) Implementierungen _____ 58

5.1.4 CIDOC CRM Implementierungen mit räumlichen Daten _____ 59

5.2 Implementierung und Systemarchitektur (am Beispiel des SFB HiMAT) _____ 60

5.3 Geoinformationssystem (GIS) _____ 62

5.3.1 Homogenisierung und Organisation von Geobasisdaten und ortsbezogenen Daten der Projektteile _____ 63

5.3.2 Infrastruktur zur Bereitstellung der Geodaten _____ 65

5.3.3 Geodatenbank - Datenbasis _____ 66

5.3.4 Kartenproduktion _____ 69

5.3.5 Web GIS _____ 71

5.3.6 Ortseingabe über Web GIS _____ 72

5.3.7 Einsatz von hochauflösenden Geländemodellen, Web GIS, Mobile GIS und GPS-Datenerfassung für Prospektionen _____ 73

5.3.8 Räumliche Analysen _____ 75

5.3.9 Verwendung von Google Earth für 3D Visualisierung und Dateneingabe _____ 76

5.3.10 3D Visualisierung mit Desktop GIS _____ 77

5.4 Content Management System (CMS) _____ 79

5.4.1 Speicherung digitaler Ressourcen und Terminverwaltung _____ 79

5.4.2 Prototyp für CIDOC CRM strukturierte Metadateningabe über die Content Management System Benutzeroberfläche _____ 80

5.4.3 GIS Zugriff auf die Inhalte des Content Management Systems _____ 81

5.5 Datenbank _____ 82

5.5.1 Struktur der Datenbank _____ 82

5.5.2 Überführung der CIDOC CRM organisierten Metadaten des CMS in die Struktur der Datenbank _____87

5.5.3 Ontologisches Datennetz _____88

5.5.4 Baumansicht der ontologisch strukturierten Daten für GIS Nutzung_____89

5.5.5 GIS Nutzung der Baumansicht mit Zugriff auf CMS Inhalte _____90

5.6 Beispiel für die Funktion der HiMAT Implementierung über den Gesamtuntersuchungsraum _____91

5.6.1 Aufgabenstellung _____91

5.6.2 Richtlinien für Datenabbildung _____92

5.6.3 Qualitätskontrolle _____97

5.6.4 Ergebnisse: Tabellen, Web GIS, Datenbank und Präsentationskarte _____101

5.6.5 Mehrwert ontologischer Daten für weitere Auswertungen _____105

6 Zusammenfassung und Schlussfolgerungen _____107

7 Literaturverzeichnis _____109

8 Anhang A: Wissensrepräsentation _____115

8.1 CIDOC-CRM Klassen und Eigenschaften _____115

8.1.1 Klassenhierarchie _____115

8.1.2 Ausgewählte Klassen und Eigenschaftsdefinitionen_____118

8.2 HiMAT Thesaurus _____124

8.2.1 Materielles Merkmal (E26) _____125

8.2.2 Materieller Gegenstand (E19) _____126

8.2.3 Forschungshandlung (E7) _____127

8.2.4 Material (E57)_____128

8.2.5 Zeitbenennung (E49) _____129

8.2.6 Thema / Begrifflicher Gegenstand (E28) _____130

8.2.7 Menschliche Gruppe (E74)_____131

8.2.8 Historisches Ereignis (E5) _____132

8.2.9 Ortsbenennung (E44)_____133

8.2.10 Informationsgegenstand (E73)_____134

9 Anhang B: Datenbank _____135

9.1 Umsetzung der Ontologie in der Datenbank 135
    9.1.1 Ontologietabellen 135
    9.1.2 Views und SQL-Abfragen für die Ontologie 138
9.2 Thesaurus in der Datenbank 140
    9.2.1 Thesaurustabelle: HIMAT_E55_THES 140
    9.2.2 View: HIMAT_E55_PARENTS_V01 141
9.3 Instanzentabellen 142
9.4 Räumliche Daten 145
9.5 Beziehungstabellen 147
9.6 SQL-Abfragen und Views (Datenbank Sichten) 148
    9.6.1 Objekthierarchie: HIMAT_OBJ_HIERARCHIE_V01 148
    9.6.2 Baumstruktur für Objekthierarchie mit zugeordneten Thesaurusbegriffen und zugeordnetem Ort: HIMAT_OBJ_HIER_ROOT_V01 149
9.7 Tabellarische Auswertungen für Forschungshandlungen 151
    9.7.1 View Personen mit Typus: himat_e39_e55_all_v01 151
    9.7.2 View Forschungshandlungen mit Typus: himat_e7_e55_all_v01: 152
    9.7.3 Liste der Forschungshandlungen 153
    9.7.4 Summe der Forschungshandlungen pro Ort, gegliedert nach Projektteilen ___ 154

10 Anhang C: Benutzeroberflächen 156
10.1 Content Management System (CMS) 156
10.2 Datenbank 159

Abbildungsverzeichnis

Abbildung 1: Forschungsgebiete des SFB HiMAT in den ersten vier Jahren 22
Abbildung 2: Struktur des SFB HiMAT (HIMAT STRUKTUR 2008) 25
Abbildung 3: Entstehung von Axiomen und in der Folge wissenschaftlichen Theorien (LAUTH 2005) 30
Abbildung 4: Poppers Modell zur vorläufigen Bestätigung oder Falsifikation wissenschaftlicher Theorien (LAUTH 2005) 31

Abbildung 5: Hermeneutischer Zirkel (POSER 2001) 33
Abbildung 6: Dialektischer Dreischritt als Prozess (POSER 2001) 34
Abbildung 7: Primäre CIDOC-CRM Klassen im SFB HiMAT 45
Abbildung 8: Wichtigste CIDOC CRM Klassen des SFB HiMAT mit ihren grundlegenden Beziehungen 47
Abbildung 9: Primäre Klassen und Eigenschaften im SFB HiMAT 48
Abbildung 10: Übergeordnete Kategorien des Thesaurus (links) mit dem Zweig *Forschungshandlung* (rechts) und dessen Unterkategorie *Messung* 50
Abbildung 11: Schematische Darstellung des Umfanges der einzelnen Klassen und der Hierarchiestruktur des Thesaurus 51
Abbildung 12: Beispiel der Repräsentation der Forschungen zum Ausgrabungsplatzes „Mauk F Schwarzenberg Moos" mit Hilfe von CIDOC CRM Klassen und den entsprechenden Instanzen 52
Abbildung 13: Symbolische Systemarchitektur 61
Abbildung 14: Geobasisdaten: Digitales Höhenmodell, historische Karte, Orthofoto und Österreichische Karte ÖK 50 für den Bereich „Zintberg" bei Schwaz 64
Abbildung 15: Räumliche Daten einzelner Projektteile (Archäologie, Mineralogie) 64
Abbildung 16: GIS Architektur 65
Abbildung 17: Erweiterte Datenbasis für Punkte 67
Abbildung 18: Datenbasis für Polygone bestehend aus Gemeindegrenzen und für ausgewählte Gemeinden aus den Grundstücksgrenzen der digitalen Katastralmappe 68
Abbildung 19: Beispiel einer Karte für die Zeitschrift Archäologie Österreich in der Fundstellenverteilungen dargestellt werden. 69
Abbildung 20: Beispiel einer Karte für die Konstruktion eines Lehrpfades im Montafon 70
Abbildung 21: Web GIS Interface mit einer Darstellung archäologischer Fundstellen, hypothetischer steinzeitlicher Handelsrouten und Kupfer- oder Fahlerzvorkommen ... 71
Abbildung 22: Eingabe von Ortsinformationen (Orthofotos Quelle: Land Tirol) 72
Abbildung 23: Web GIS Interface zur Unterstützung von Prospektionen 73
Abbildung 24: Mobile GIS Interface mit Beispiel für Prospektion 74

Abbildung 25: GIS Analyse mittels Pufferung und Ergebnisse einer mit GPS aufgezeichneten Geländebegehung.. 75

Abbildung 26: Google Earth Ansicht der am *Ort* „Schwarzenberg Moos Mauk F" befindlichen Informationen. 76

Abbildung 27: 3D Visualisierung des Siedlungsplatzes Kiechlberg auf einer exponierten Kuppe mit dem umgebenden Gelände (DGM: Quelle Land Tirol)........................... 77

Abbildung 28: 3D Visualisierung DOM zur Evaluierung des hydrologischen Einzugsgebietes des Moores Kogelmoos für archäobotanische Anwendungen (DOM: Quelle Land Tirol)... 78

Abbildung 29: Unterschiedliche Arten digitaler Ressourcen, gegliedert nach Datenquellen und Forschungsergebnissen... 79

Abbildung 30: Content Management System als Prototyp für den Modelltest und zur Datengenerierung... 81

Abbildung 31: Zugriff auf die Daten des Content-Management-System (CMS) über eine GIS Schnittstelle.. 81

Abbildung 32: Tabellengruppen in der Datenbank... 83

Abbildung 33: Angabe von CRM Eigenschaften und Klassen im Thesaurus zur Spezifikation der ontologischen Repräsentation in der Implementierung................... 84

Abbildung 34: Ontologische Struktur der Daten schafft Netzwerk von Objekten.............. 88

Abbildung 35: Ansicht des Netzwerks in einer Baumstruktur... 89

Abbildung 36: Aufsummierung der Objekte in Tortendiagrammen innerhalb des GIS und Nutzung der Baumansicht für den Zugriff auf CMS Inhalte.................................... 91

Abbildung 37: Eingabe der *Forschungshandlung* und der *Person* als Instanz, sowie Zuweisung eines *Typus* zur jeweiligen Instanz (links allgemein, rechts mit konkreten Instanzen) 93

Abbildung 38: Zuordnung von *Forschungshandlungen* zu untersuchten Objekten (allgemein) 94

Abbildung 39: Konkrete Zuordnung von *Forschungshandlungen* zu *Materiellen Merkmalen* (links) oder *Materiellen* Gegenständen (rechts) 94

Abbildung 40: Zuordnung von *Forschungshandlungen* oder untersuchten Objekten zu einem *Ort* 95

Abbildung 41: Direkte Zuordnung eines *Materiellen Merkmales* zu einem Ort und indirekte Zuordnung eines *Materiellen Gegenstandes*...95

Abbildung 42: Die *Forschungshandlung* „Scan Holztrog" kann direkt mit dem *Materiellen Gegenstand* „Holztrog" verknüpft werden...96

Abbildung 43: Web Interface zur Dateneingabe mit der Instanz „Mauk F Schwarzenberg Moos" der Klasse *Materielles Merkmal* 97

Abbildung 44: Übersichtskarte zur Qualitätskontrolle 98

Abbildung 45: Web GIS zur detaillierten Qualitätskontrolle der Ortseingabe....................99

Abbildung 46: Doppeleingabe und falsche Zuweisungen für den Fundort Troiboden........99

Abbildung 47: Datenbankinterface mit Baumdiagramm für den *Ort* „Schwarzenberg Moos (Mauk F)"...100

Abbildung 48: Forschungshandlungen für die *Orte* „Mauk A" und „Schwarzenberg Moos (Mauk F)"...101

Abbildung 49: Forschungshandlungen als Tortendiagramme im Web GIS für den Bereich Mauken 102

Abbildung 50: Baumansicht des Datenbankinterfaces für den *Ort* „Mauk A"................103

Abbildung 51: Präsentationskarte „Zusammenarbeit an Forschungsplätzen"..................104

Abbildung 52: Erweiterung der Abfragemöglichkeiten über das Hinzufügen von Typusinformation..105

Abbildung 53: Hinzufügen von *Informationsgegenständen* mit *Typus* 106

Abbildung 54: Thesaurusdarstellung für nicht erweiterte Unterbegriffe 124

Abbildung 55: Thesaurusdarstellung für Materielles Merkmal (E26)................................125

Abbildung 56: Thesaurusdarstellung für Materieller Gegenstand (E19) 126

Abbildung 57: Thesaurusdarstellung für Forschungshandlung (E7) 127

Abbildung 58: Thesaurusdarstellung für Material (E57)..128

Abbildung 59: Thesaurusdarstellung für Zeitbenennung (E49)...129

Abbildung 60: Thesaurusdarstellung für Thema / Begrifflicher Gegenstand (E28) 130

Abbildung 61: Thesaurusdarstellung für Menschliche Gruppe (E74)................................131

Abbildung 62: Thesaurusdarstellung für Historisches Ereignis (E5) 132

Abbildung 63: Thesaurusdarstellung für Ortsbenennung (E44)...134

Abbildung 64: Thesaurusdarstellung für Informationsgegenstand (E73) 134

Abbildung 65: Beispiel für die Verschlagwortung des Schwazer Bergbuches über den Thesaurus 156

Abbildung 66: Beispiel für die Suche nach dem Begriff „Pochwerk" 157

Abbildung 67: Eingabemasken: links die Maske zur Begriffszuordnung des Typus, rechts die Maske zur Zuordnung von Elementen aus anderen Listen, die Instanzen aus anderen Klassen enthalten. 157

Abbildung 68: Benutzerschnittstelle mit Tabulatoren zur Auswahl der Seite für spezifische Klassen am oberen Seitenrand und Filteroptionen im linken Teil der Seite 159

Abbildung 69: Benutzerschnittstelle mit Verknüpfungen auf der rechten Seite 160

Abbildung 70: Benutzerschnittstelle zur Zuordnung von *Materiellen Gegenständen* zu *Materiellen Merkmalen* 161

Abbildung 71: Baumstruktur der Daten innerhalb der Benutzeroberfläche 162

Tabellenverzeichnis

Tabelle 1: Projektteile des SFB HiMAT 23

Tabelle 2: Geistes- und Naturwissenschaftlich / technische Disziplinen des SFB HiMAT . 27

Tabelle 3: Beispiele für Informationsbestände innerhalb der Projektteile 41

Tabelle 4: Beispiele für Metadatenfelder nach den Leitfragen WER?, WO?, WANN?, WAS? 43

Tabelle 5: Hierarchisch geordnete CIDOC CRM Klassen mit Beispielen 46

Tabelle 6: Klassen mit der Anzahl der transferierten Instanzen und der zwischen diesen Instanzen bestehenden Beziehungen. 88

Tabelle 7: Klassenhierarchie des CIDOC CRM (E1CRM Entität bis E81 Umwandlung) . 115

Tabelle 8: Klassenhierarchie des CIDOC CRM (E77 Seiendes bis E35 Titel) 116

Tabelle 9: Klassenhierarchie des CIDOC CRM (E71 Künstliches bis E54 Maß) 118

1 Einleitung

Interdisziplinäre Forschung im Kontext der Kulturgutdokumentation steht vor der Herausforderung die in den einzelnen Disziplinen erfassten und generierten Datenbestände miteinander in Beziehung zu setzen und zu vernetzen. Diese Arbeit liefert einen Beitrag am Beispiel des interdisziplinären Spezialforschungsbereich HiMAT (History of Mining Activities in the Tyrol and Adjacent Areas), der sich mit der Erforschung der Geschichte des Bergbaus in den Ostalpen beschäftigt. Als Unterstützung während der Forschungsarbeiten, als auch zur Präsentation der Ergebnisse wurde ein Geoinformationssystem (GIS) entwickelt das diese Datenintegration ermöglicht. Entscheidend für räumliche Analyse- und Visualisierungsmöglichkeiten sowie inhaltliche Analysen ist die dahinter liegende Datenstruktur. Hier muss ein Werkzeug geschaffen werden, das den speziellen Herausforderungen eines interdisziplinären Projektes gerecht wird. Das Ziel ist eine Datenstruktur, mit der nicht nur die räumliche Überlagerung der in den einzelnen Projektteilen vorhandenen Datenbestände möglich wird, sondern auch eine inhaltliche Vernetzung der Daten. Dies erfordert ein Konzept zur gemeinsamen, disziplinübergreifenden Wissensrepräsentation, das in einem Datenmodell formalisiert und definiert werden muss.

Formale Ontologien wurden in der Informatik im Bereich der künstlichen Intelligenz entwickelt, um Wissen in einem nach den Regeln der Logik geordneten System zu organisieren und repräsentieren (GÖRTZ 2003). Sie bilden eine entscheidende Basis für den Aufbau eines disziplinübergreifenden Geoinformationssystems (FRANK 2010). Im Zuge dieses Projektes wird auf die formale Ontologie des vom „Internationalen Ausschuss für Dokumentation" (CIDOC) des Internationalen Museumsrates entwickelte CIDOC Conceptual Reference Model (CIDOC CRM) (CROFTS et al. 2009) zurückgegriffen. Mittlerweile ein ISO Standard, der für die Kulturgutdokumentation entwickelt wurde. Die Implementierung des Datenmodells soll in einer Datenbank mit der Möglichkeit zur Speicherung räumlicher Objekte erfolgen. Ein GIS kann auf diese Daten zugreifen und auf Grund der ontologischen Datenstruktur entstehen Möglichkeiten zu komplexen und differenzierten Visualisierungen und Analysen. Der Einsatz von formalen Ontologien in Kombination mit GIS befindet sich in der Kulturgutdokumentation in der Entwicklungsphase und die hier dargestellte Methodik und Umsetzung ist ein möglicher Ansatz in dieser Problematik.

Die Arbeit gliedert sich inhaltlich in sechs Teile. Nach der hier vorliegenden Einleitung folgt eine Darstellung internationaler Projekte und Institutionen, die sich mit der Datenintegration im Bereich des Kulturellen Erbes beschäftigen. Eines davon ist der Spezialforschungsbereich (SFB) HiMAT an dessen Beispiel diese Arbeit entwickelt wird. Wissenschaftstheoretische Grundlagen führen zu einem konzeptionellen Teil, in dem eine Methodik darstellt wird, um das Wissen des SFB HiMAT mit Hilfe einer Ontologie formal zu repräsentieren. Der fünfte und größte Teil dieser Arbeit ist die Umsetzung der entwickelten Methodik in einer konkreten IT-Infrastruktur. Eine Zusammenfassung schließt die Arbeit ab und gibt einen Ausblick auf offene Fragestellungen.

Durch einen Focus auf interdisziplinäre Forschung in der Kulturgutdokumentation spielt die Integration von Datenbeständen eine wichtige Rolle in einer immer größer werdenden Anzahl von Projekten und Institutionen. Repräsentative Beispiele werden angeführt und für das Projekt des SFB HiMAT werden Rahmenbedingungen, Aufgabenstellungen und Organisationsstruktur detailiert dargestellt, um die Vernetzungen eines interdisziplinären Umfeldes mit einer konkreten Aufgabenstellung aufzuzeigen. Die Aufgaben des Projektteils „Vermessung und Geoinformation" innerhalb des SFB HiMAT werden beschrieben, da der Aufbau einer räumlichen Datenbasis die über ein GIS visualisiert und analysiert werden kann als Auslöser für die in dieser Arbeit stattgefundenen Forschungen gedient hat.

Das dritte Kapitel „Wissenschaftstheoretische Grundlagen" behandelt fachspezifische Aspekte eines interdisziplinären Projektes und die daraus resultierenden Divergenzen in den Betrachtungsweisen. Um diese Problematik besser verstehen zu können, werden grundlegende wissenschaftliche Ansätze der Natur- und Geisteswissenschaften näher erklärt. Das Wissen um die Vielfalt der im SFB HiMAT auftretenden wissenschaftlichen Methoden bildet die Voraussetzung für das Verständnis hinsichtlich der Notwendigkeit eines einheitlichen Konzeptes für die Wissensrepräsentation innerhalb eines interdisziplinären Projektes. Eine Möglichkeit für ein einheitliches Konzept bilden die in der Informatik entwickelten formalen Ontologien. Sie werden im Anschluss an die wissenschaftlichen Methoden kurz erläutert und auf die zur Kulturgutdokumentation entwickelte Ontologie des CIDOC CRM wird näher eingegangen.

Das vierte Kapitel „Methodik" bedient sich der im dritten Teil eingeführten Ontologien. Die Methodik zu einer ontologiebasierten Wissensrepräsentation fängt mit einer Erfassung der in den beteiligten Disziplinen vorhandenen Datenbestände an. Darauf basierend muss eine Definition von gemeinsamen Informationen erzeugt werden, die als Grundlage für den Austausch von Daten über Disziplingrenzen dient. Aufgrund dieser definierten gemeinsamen Informationen werden bestimmte Klassen und Eigenschaften des CIDOC CRM ausgewählt um das definierte Wissen zu repräsentieren. Anschließend kommt es zur Erstellung eines Thesaurus, der die Begriffe innerhalb des SFB HiMAT vereinheitlicht. Da die Hierarchiestruktur auf den Klassen des CIDOC CRM basiert, erfolgt hierdurch eine Spezialisierung der Ontologie für die Bedürfnisse zur Erforschung des prähistorischen und historischen Bergbaus. Am Beispiel einer archäologischen Ausgrabung soll das theoretische Gerüst verdeutlicht und das Zusammenspiel von Ontologie, Thesaurus und realen Daten gezeigt werden.

Im fünften Kapitel „Umsetzung" wird auf den Stand der Forschung in den Bereichen objektrelationale Geodatenbanksysteme, Web GIS, GIS Anwendungen innerhalb der Archäologie und Kulturgutdokumentation sowie Implementierungen des CIDOC CRM eingegangen. Anschließend wird die für den SFB HiMAT aufgebaute Systemarchitektur beschrieben. Sie besteht aus den drei Komponenten Geoinformationssystem, Content Management System und Datenbank.

Für die Verwendung von Geoinformationssystemen (GIS) innerhalb des SFB HiMAT ist erst eine Homogenisierung und Organisation von Geobasisdaten und ortsbezogenen Daten der Projektteile notwendig, bevor eine Infrastruktur zur Bereitstellung der Geodaten aufgebaut werden kann. Der Einsatz von GIS innerhalb des SFB HiMAT wird mit Beispielen aus den Bereichen Kartenproduktion, Web GIS (interaktive Karten im Internet), Einsatz von hochauflösenden Geländemodellen für Prospektionen, Mobile GIS (Einsatz von GIS im Gelände in Kombination mit GPS basierter Ortsbestimmung), GPS-Datenerfassung und räumlichen Analysen, sowie 3D Darstellungen illustriert.

Das Content Management System (CMS) dient zur Speicherung digitaler Ressourcen und der Terminverwaltung. Es wurde in einer ersten Phase herangezogen, um einen Prototypen zu entwickeln mit einer Benutzeroberfläche für die ontologisch strukturierte Metadateneingabe. Über das GIS ist es möglich auf die Inhalte des Content Management Systems zuzugreifen.

Die Datenbank ist der zentrale Bestandteil des Gesamtsystems. Ihre Struktur zur Speicherung ontologischer und räumlicher Daten ist entscheidend für die möglichen Funktionalitäten. Der nächste Schritt nach dem Aufbau der Datenstruktur war die Überführung der ontologisch organisierten Metadaten aus dem Prototypen des Content

Management Systems in die Datenbank. Der Aufbau einer Web-basierten Benutzerschnittstelle zur Navigation und Dateneingabe stellt besondere Herausforderungen durch die ontologische Struktur. Um diese Art der Daten in einem GIS zu nutzen, müssen sie speziell aufbereitet werden. Dies erfolgt über eine Baumansicht der Daten. Für das schon im konzeptionellen Teil gebrachte Beispiel einer Ausgrabung wird die Funktionsweise der SFB HiMAT Implementierung auf der Mikroebene dargestellt.

Auf der Makroebene soll ein anderes Beispiel die auftretenden Herausforderungen und Potentiale zeigen. Für den Gesamtuntersuchungsraum des SFB HiMAT wurde eine Karte erzeugt, die sämtliche Forschungen der letzten vier Jahre enthält und sie nach Projektteilen gliedert. Es wird auf die Richtlinien für die Datenabbildung, sowie die Methoden der Qualitätskontrolle eingegangen, bevor die Ergebnisse präsentiert werden.

In der Zusammenfassung wird auf die erzielten Ergebnisse eingegangen und ein Ausblick auf weitere Forschungen gegeben werden.

Der Anhang gliedert sich in drei Teile. In einem ersten methodischen Teil geht es um die Wissensrepräsentation. Der zweite und dritte Anhang beschäftigen sich mit der Umsetzung, im Hinblick auf die Datenbankstruktur und die Benutzerschnittstellen.

Für die Illustration der Wissensrepräsentation wird die CIDOC CRM Klassenhierarchie aufgelistet und es werden die für dieses Projekt wichtigsten Klassen und Eigenschaften mit ihren Definitionen im Anhang A (Kapitel 8) angeführt. Die Spezialisierung des CIDOC CRM für den SFB HiMAT über den Thesaurus wird an den Beispielen der zehn obersten Hierarchiestufen gezeigt. Da es sich dabei um CIDOC CRM Klassen handelt sind die Thesaurusbegriffe gute Beispiele für die Verwendung der Klassen.

Der Anhang B (Kapitel 9) zur Datenbank zeigt konkret wie die Ontologie des CIDOC CRM in einer relationalen Datenbankstruktur zum Einsatz kommt. Auch die Implementierung des Thesaurus ist von Bedeutung, da er entscheidend die Möglichkeiten der Benutzer beeinflusst. Die Tabellen für Instanzen und räumliche Objekte sind mit den wichtigsten SQL Abfragen angeführt, die eine Benutzung der ontologischen Struktur ermöglichen. Abschließend werden noch Teile der Tabellen aus dem Makrobeispiel über den Gesamtuntersuchungszeitraum mit den sie erzeugenden SQL Statements angeführt, um die technische Vorgehensweise für dieses Beispiel zu dokumentieren.

Im Anhang C (Kapitel 10) werden Benutzerschnittstellen des CMS und der Datenbank beschrieben..

2 Integration von Datenbeständen für interdisziplinäre Forschung im Kontext der Kulturgutdokumentation

Disziplinen, die im Kontext der Kulturgutdokumentation Forschung betreiben, haben in den humanistischen sowie in den naturwissenschaftlichen Fächern sehr spezifische Methoden entwickelt, um die von ihnen erfassten, bearbeiteten und erzeugten Daten zu modellieren und zu verwalten. Diese Methoden spiegeln oft die primären Bedürfnisse und Herangehensweisen innerhalb der Disziplin wider und sind untereinander hochgradig inkompatibel. Sowohl von der Modellierung der beobachteten Realität, als auch von der Aufbereitung und Verarbeitung der Daten. Für die Integration der Datenbestände werden unterschiedliche Methoden und Softwareprodukte eingesetzt. Die formalisierte Datenintegration erfolgt dabei häufig mit Listen von Tabellenkalkulationsprogrammen oder Datenbanken. Wenn Koordinateninformationen vorhanden und für die Auswertung wichtig sind, ist die Verwendung von Geografische Informationssysteme üblich. Die Art und Weise wie Daten integriert werden hängt von der Aufgabenstellung ab, aber bestimmte Fragen treten in ähnlicher Weise bei unterschiedlichen kulturhistorischen und archäologischen Forschungen auf. Die Verortung von Befunden, Fundstücken und anderen Hinweisen auf historische oder prähistorische Aktivitäten des Menschen ist eine Möglichkeit räumliche Zusammenhänge darstellbar und analysierbar zu machen. Geographische Informationssysteme dienen hier als Werkzeug für alle Aspekte von räumlichen Zusammenhängen. Ein Beispiel sind die Spuren historischer menschlicher Aktivitäten in der physischen Erdoberfläche. Hochauflösende Geländemodelle, die mit Hilfe von Laserscanning erfasst wurden, dienen als Grundlage für archäologische Prospektionen (DONEUS et al. 2006)

Die räumliche Verteilung ist aber nur ein Aspekt der Beziehungen, die zwischen multidisziplinär erfassten Datenbeständen bestehen. Um die Beziehungen auf inhaltlicher oder zeitlicher Ebene abzubilden, werden Datenbanken herangezogen, die über ein spezifisches Datenmodell versuchen, die oft sehr komplexen Beziehungen zwischen Informationen abzubilden. Im ersten Abschnitt dieses Kapitels werden Institutionen und Projekte präsentiert, die mit der Problemstellung der semantischen und räumlichen Integration von Datenbeständen aus unterschiedlichen Disziplinen in einem kulturgeschichtlichen und archäologischen Kontext konfrontiert sind. Diese Fragestellungen treten auch in dem an der Universität Innsbruck durchgeführten interdisziplinären Spezialforschungsbereich HiMAT (History of Mining Activities in the Tyrol and adjacent areas) auf. Der zweite Abschnitt beschreibt im Detail die Aufgabenstellung des Projektes und seine Organisationsstruktur. Im Projektteil „Vermessung und Geoinformation" wird für den SFB HiMAT eine Methodik und Implementierung entwickelt, um die räumlichen und nichträumlichen Datenbestände zu integrieren. Dieses exemplarisch ausgearbeitete Konzept ist in den Kapiteln „Methodik" und „Umsetzung" dargestellt und ist so allgemein gehalten, dass es auch für andere Projekte und Institutionen, die sich interdisziplinär mit Kulturgutdokumentation beschäftigen, einsetzbar ist.

2.1 Institutionelle und projektbezogene Beispiele

2.1.1 Deutsches Archäologisches Institut (DAI)

Das DAI betreibt seit 182 Jahren archäologische Forschungen in über 50 Ländern der Welt und beschäftigt sich mit der Kulturgeschichte der Menschheit, von der Steinzeit bis in die Neuzeit. Die Datenbestände reichen von Ausgrabungen griechischer Paläste über die Architektur römischer Villen zu ägyptischen Gräbern und mongolischen Siedlungen (DAI 2011). Sie liegen hauptsächlich in analoger und teilweise in digitaler Form vor. Methoden der Naturwissenschaftlichen Disziplinen wie Dendrochronologie oder C^{14} werde für Datierungen eingesetzt oder geophysikalische Aufnahmen und Geländevermessungen für Prospektionen. Historische Quellen der Römer oder Griechen unterstützen die archäologischen Forschungen. Derzeit arbeitet das DAI an einer Integration seiner Datenbestände in einer zentralen Datenbank, die auch räumliche Informationen beinhaltet (SCHÄFER et al. 2009). Die Modellierung von Daten aus unterschiedlichsten Disziplinen in einer Form, die es auch ermöglicht mit anderen Institutionen oder Projekten Daten auszutauschen, ist eine noch nicht abgeschlossene Diskussion.

2.1.2 Exzellenzcluster TOPOI - The Formation and Transformation of Space and Knowledge in Ancient Civilizations

In Berlin beschäftigt sich der Exzellenzcluster TOPOI mit der Erforschung der Wahrnehmung des Raumes in der Antike. Hier arbeiten unter anderem Altertumsdisziplinen, Archäologie, Geographie, Geschichte, Sprachwissenschaften und Philosophie zusammen, um antike Vorstellungen zu ihrer Umwelt im Hinblick auf das

Phänomen Raum zu erforschen (TOPOI 2011). Teil des Datenmanagements ist ein Geoinformationssystem um räumliche Zusammenhänge abzubilden. Eine virtuelle Forschungsplattform wird entwickelt um die Zusammenarbeit zu fördern (LIEBERWIRTH 2010). Die Modellierung der in den einzelnen Disziplinen gewonnenen Erkenntnisse und deren Zusammenführung in einem einzigen Modell ist noch Gegenstand der Forschung.

2.1.3 Chwh - Cultural History Information System for the Western Himalaya

In Wien wurde 2003 ein Projekt zur Kulturgeschichte des westlichen Himalayas gestartet, das aus Tibetologen, Kunsthistorikern, Numismatikern, Philosophen und Geographen besteht (CHWH 2011). Ein integrativer Teil der Datenverarbeitung ist ein web- basiertes Geoinformationssystem zur Darstellung der in den einzelnen Disziplinen vorhandenen Datenbestände in ihrem naturräumlichen Kontext (SCHOBESBERGER 2008). Die räumliche Integration der Informationen ist in diesem System gelungen, für die inhaltliche Vernetzung sind noch einige Fragen offen.

2.1.4 STAR - Semantic Technologies for Archaeological Resources

In Großbritannien arbeiten einige Institutionen und Projekte an der Integration Archäologischer Datenbestände aus unterschiedlichen Quellen. Das STAR Projekt (Semantic Technologies for Archaeological Resources) hat es sich zur Aufgabe gemacht ein Modell für diese Integration zu entwickeln (STAR 2011). Folgeprojekte wie STELLAR (Semantic Technologies Enhancing Links and Linked data for Archaeological Resources) haben eine Implementierung des Modells vorgenommen (STELLAR 2011). Für Datenbestände, die innerhalb von English Heritage erhoben wurden, waren die Projekte erfolgreich. Nun stellt sich die Frage wie diese Daten in einen internationalen Kontext integriert werden können.

2.2 Der interdisziplinäre FWF-Spezialforschungsbereich (SFB) HiMAT

Der interdisziplinäre Spezialforschungsbereich HiMAT (History of Mining Activities in the Tyrol and Adjacent Areas) an der Universität Innsbruck beschäftigt sich mit der Erforschung der Geschichte des Bergbaus in den Ostalpen. Die Einführung der Metallverarbeitung im prähistorischen Europa führte zu einer entscheidenden Veränderung der Lebensweise des Menschen im sozialen, kulturellen und rituellen

Bereich. Für die Umwelt ergaben sich aus dem Metallabbau und dessen Verarbeitung ebenfalls weitreichende Konsequenzen:

„In den Ostalpen entstanden im 2. bzw. im frühen 1. Jhdt. v. Chr. überregional bedeutsame Erzeugerlandschaften für Metallerze (v.a. Kupfer). Die Kupfergewinnung in diesen Gebieten gleicht sich in vielen technologischen Punkten und lässt einen über einzelne Talschaften hinausgehenden Kommunikations- und Wirtschaftsraum erkennen, der in eigener Weise zusammengewirkt hat (z. B. im Rahmen logistischer Konzepte, durch Austausch von Spezialisten, etc.). Darüber hinaus hat die lang andauernde, mit der Metallerzgewinnung verbundene Siedlungsentwicklung wahrscheinlich Wirtschaftsweisen generiert, die sich über weite Strecken ähnlicher Subsistenzstrategien bedient haben. Aufgrund der unterschiedlichen Quellenlage lassen sich die verschiedenen Aspekte in den Kleinregionen unterschiedlich gut untersuchen und darstellen. Einen wichtigen Anteil hatte die variable Erzbasis, die – vereinfacht ausgedrückt - zu Rohstoffverbünden geführt hat, die wechselweise Fahlerze und Kupferkiese verwendet haben. Dabei zeichnen sich aufgrund vorliegender Provenienzstudien unterschiedliche zeitliche Schwerpunkte bei der Verwendung von Fahlerzen und Kupferkiesen ab. Die Gründe hierfür können weniger in einer Bevorzugung von Metallsorten, denn in internen Entwicklungen in den einzelnen Revieren gesucht werden. So sind die sozio-ökonomischen und ökologischen Ursachen für den Aufstieg und Niedergang von Montanrevieren wie auch die mit ihnen verbundenen Landschaften vielfältig. Von vielen möglichen Szenarien ist bis heute keines durch archäologische Daten gesichert. Diese Faktoren interdisziplinär und diachron zu untersuchen, ist Ziel des SFB HiMAT." (HIMAT ABSTRACT 2008).

Das Untersuchungsgebiet der ersten vier Jahre umfasst Tirol, Salzburg und Vorarlberg, die einst zu den bedeutendsten Bergbauregionen Europas zählten. In den Metallzeiten erreichte der Bergbau in Tirol und Salzburg einen Höhepunkt und in einzelnen Montanregionen zeichnete sich sogar die Entwicklung von Produktionsschwerpunkten mit vorindustriellem Charakter ab. In der frühen Neuzeit wird die Region Schwaz sogar das führende Montangebiet Europas.

Das Mitterberggebiet in Salzburg und Schwaz in Tirol zeigen das Werden und Vergehen von Montanregionen in den Ostalpen. Ein Team von Natur-, GeisteswissenschaftlerInnen und von Technikern der Universität Innsbruck hat unter der Beteiligung von international renommierten Partnern einen Spezialforschungsbereich initiiert, um die Auswirkungen der historischen Bergbauaktivitäten auf die Umwelt und auf die menschliche Gesellschaft von der Steinzeit bis in die Neuzeit zu untersuchen. Langfristig betrachtet ist die Entwicklung des Bergbaus von Expansions-, Konsolidierungs- und Regressionsphasen charakterisiert. Diese Phasen werden von Archäologen, Archäometallurgen, Archäozoologen, Dendrologen, Ethnologen, Historikern, Linguisten, Mineralogen und Paläoökologen analysiert, um übergeordnete Fragestellungen zu beantworten.

„Forschungsfragen:

- Initial- bzw. Aufbauphase der Kupfermetallurgie und artverwandte Rohstoffgewinnung
- Die Kupferproduktion der mittleren und späten Bronzezeit als „industrielle Phase" und ihr Nachklang in der Eisenzeit
- Gesellschaftliche, kulturelle, ökonomische und technologische Veränderungen von den ersten Anfängen des Bergbaus in der Kupferzeit bis das 20. Jahrhundert
- Veränderungen der Umwelt und Umweltbelastung durch den Bergbau
- Einfluss von Klima auf Siedlungsprozesse im Zusammenhang mit Bergbau

Die Forschungsstrategie sieht sowohl zeit-vertikale Studien, die sich mit langfristigen Veränderungen auseinandersetzen, als auch zeit-horizontale Studien, die sich mit ausgewählten Perioden von besonderer Bedeutung für Veränderungen der Gesellschaften und der Landschaft befassen. Beide werden in spezifischen Schlüsselgebieten – Mitterberg in Salzburg, Schwaz/Brixlegg und Kitzbühel Kelchalpe in Tirol, Bartholomäberg und Silbertal im Montafon durchgeführt. Konkrete Schnittstellen sind die Archäologie und Paläoökologie des Bergbaus, die Siedlungsentwicklung von Bergbaugebieten, der Vergleich von technologischen Standards, sowie archäometallurgische und Provenienzanalysen. Die gemeinsame Vernetzung der einzelnen Disziplinen ermöglicht die Evaluierung der sozio-ökonomischen und ökologischen Bedingungen, die das Werden und Vergehen von Bergbaugebieten und –landschaften fördern.

Die Thematik dieses Forschungsvorhabens ist komplex und reicht von der Archäologie über die Geschichtswissenschaft, Geologie und Lagerstättenkunde, über geographische, ethnologische und anthropologische Aspekte, bis hin zur heute höchst aktuellen Vegetations- und Klimageschichte. Mit diesem Ansatz kann eine umfassende Wirtschafts-, Sozial- und Kulturgeschichte unseres Raumes vom Neolithikum bis in das 19. Jahrhundert entwickelt werden, deren Erkenntnisse nicht nur allerhöchste wissenschaftliche Relevanz von europäischer Dimension haben, sondern auch einem besseren Verständnis heutiger Ökosysteme und gesellschaftlicher Strukturen in diesem Alpenraum dienen." (HiMAT –

ABSTRACT 2008). In den ersten vier Jahren der Forschung erfolgt eine Konzentration auf die in Abbildung 1 in roten Punkten dargestellten Gebiete.

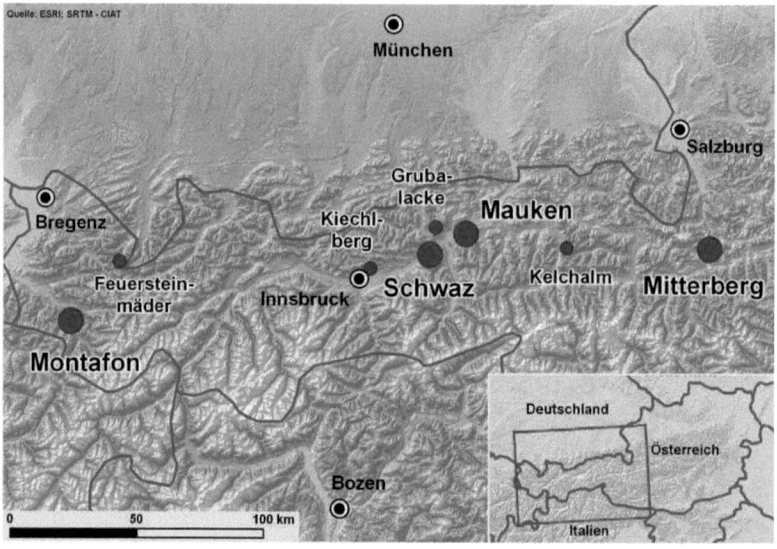

Abbildung 1: Forschungsgebiete des SFB HiMAT in den ersten vier Jahren

2.2.1 Organisationsstruktur des SFB HiMAT

13 Universitätsinstitute aus zehn verschiedenen Disziplinen sind mit Hilfe von 14 einzelnen Projektteilen (Project Parts; PPs) innerhalb des Spezialforschungsbereiches HiMAT organisiert. Sie bestehen aus fünf archäologischen und fünf naturwissenschaftlichen Arbeitsgruppen sowie drei humanistischen Gruppen und einem Projektteil für Koordination. (Tabelle 1).

Projektteil	Bezeichnung
PP01	Koordination
PP02	Bergbau und Siedlung in Schwaz - Die Entwicklung eines besonderen Umfeldes während des 15. und 16. Jahrhunderts
PP03	Onomastik im Einflussbereich des Tiroler Bergbaues
PP04	Kulturelle Tendenzen und Dominanten im modernen Bergbau
PP05	Urgeschichtlicher Silex- und Bergkristallbergbau in den Alpen
PP06	Abbau und Handel von Metallen

PP07	Der Mitterberg - Ostalpine Erzproduktion in großem Maßstab während der Bronzezeit
PP08	Siedlungsarchäologie und vorgeschichtlicher Bergbau im Montafon, Vorarlberg
PP09	Archäometallurgische und geochemische Erfassung historischen und prähistorischen Bergbaus
PP10	Mineralogisch-geochemische Erfassung historischer Bergbauorte
PP11	Paläoökologie und Subsistenzwirtschaft in Bergbaurevieren
PP12	Paläoökonomie, Subsistenz und Paläoökologie in Bergbaurevieren: die archäozoologischen Belege
PP13	Dendrochronologie
PP14	Vermessung und Geoinformation

Tabelle 1: Projektteile des SFB HiMAT

Die einzelnen Projektteile (Project Parts) arbeiten innerhalb ihrer jeweiligen Disziplin und für die fachübergreifenden Fragestellungen des SFB HiMAT wurden Analoga (oder Work Packages) definiert:

„1.) Paläoökologisches Analogon

In diesem Analogon werden in erster Linie Fragen zum Einfluss des Bergbaus auf Natur und Umwelt während der verschiedenen Bergbauphasen bearbeitet. Dafür wird auf Überreste von Pflanzen und Tieren zurückgegriffen, die bei den Ausgrabungen der archäologischen PPs zutage gefördert werden oder die aus speziell zu diesem Zweck gesammelten Proben stammen, aber auch auf historische Dokumente, die von den geschichtswissenschaftlichen und sprachwissenschaftlichen Projektteilen zur Verfügung gestellt werden.

2.) Sozioökonomisches und kulturelles Analogon

Im Rahmen dieses Analogons geht es darum, zu klären wie sich der Bergbau auf die Wirtschaft und die Kultur im Tiroler Raum ausgewirkt hat. Ebenfalls greift dieses Analogon sowohl auf historische Quellen als auch auf Funde und Daten der archäologischen und naturwissenschaftlichen Projektteile zurück. Auch mündliche Überlieferungen spielen hier eine große Rolle. Im Speziellen sollen beispielsweise die Fragen beantwortet werden wie sich heutige Namen oder Bräuche und Traditionen auf den Bergbau zurückführen lassen oder welche Ressourcen den Bergleuten zur Ernährung zur Verfügung standen. Im Focus dieses Analogons steht dabei der Bergbau vom Mittelalter bis zur Neuzeit.

3.) Prähistorisches Analogon

Die Fragestellungen dieses Analogons ähneln sehr denen des 2. Analogons, hier wird jedoch im Gegensatz dazu der prähistorische Bergbau von der mittleren Steinzeit an betrachtet. Bereits ab dieser frühen Zeit hatte der Bergbau regional eine besondere Bedeutung, und auch hier gilt es zu klären, mit welchen Techniken und Methoden die Bergleute zu Werke gingen, welche Ressourcen zu deren Ernährung zur Verfügung standen, über welche Wege Erze und Produkte gehandelt wurden usw. Auch dieses Analogon greift dabei auf Informationen aus den geschichtlichen und sprachwissenschaftlichen, den archäologischen und den naturwissenschaftlichen Projektteilen zurück.

4.) Datenbasis und Geoinformation

Das work package Datenbasis und Geoinformation verfügt über keine "eigene" Fragestellung, erfüllt jedoch eine wichtige Funktion für alle anderen Analoga und die einzelnen Projektteile. Hier werden die Daten des Gesamtprojektes von Dokumentenfunden in Archiven über Gesteinsproben aus historischen Minen bis hin zu archäologischen Funden, Proben von Pflanzenmaterial und Knochen in eine Datenbank erfasst, wobei wichtige Parameter wie Fundort, Altersdatierung, usw. vermerkt werden. Mit Hilfe der Datenbank ist nun eine projektteilübergreifende Auswertung aller Funde oder eine gezielte Suche nach bestimmten Daten zu einem bestimmten Fundort oder einer bestimmten Zeit möglich.Weiterhin werden all diese Daten auch mit Hilfe eines Geoinformationssystems (GIS) verortet. Damit können alle Daten dann auf Landkarten dargestellt werden. Die Liste der möglichen Anwendungen reicht dabei von der Darstellung der genauen Fundorte einzelner Artefakte innerhalb einer Ausgrabung bis hin zu einer Übersicht über die regionalen Handelswege von Erzen und Kupfererzeugnissen."
(HIMAT STRUKTUR 2008)

In Abbildung 2 sind die work packages mit ihren Zuordnungen zu den jeweiligen Projektteilen dargestellt.

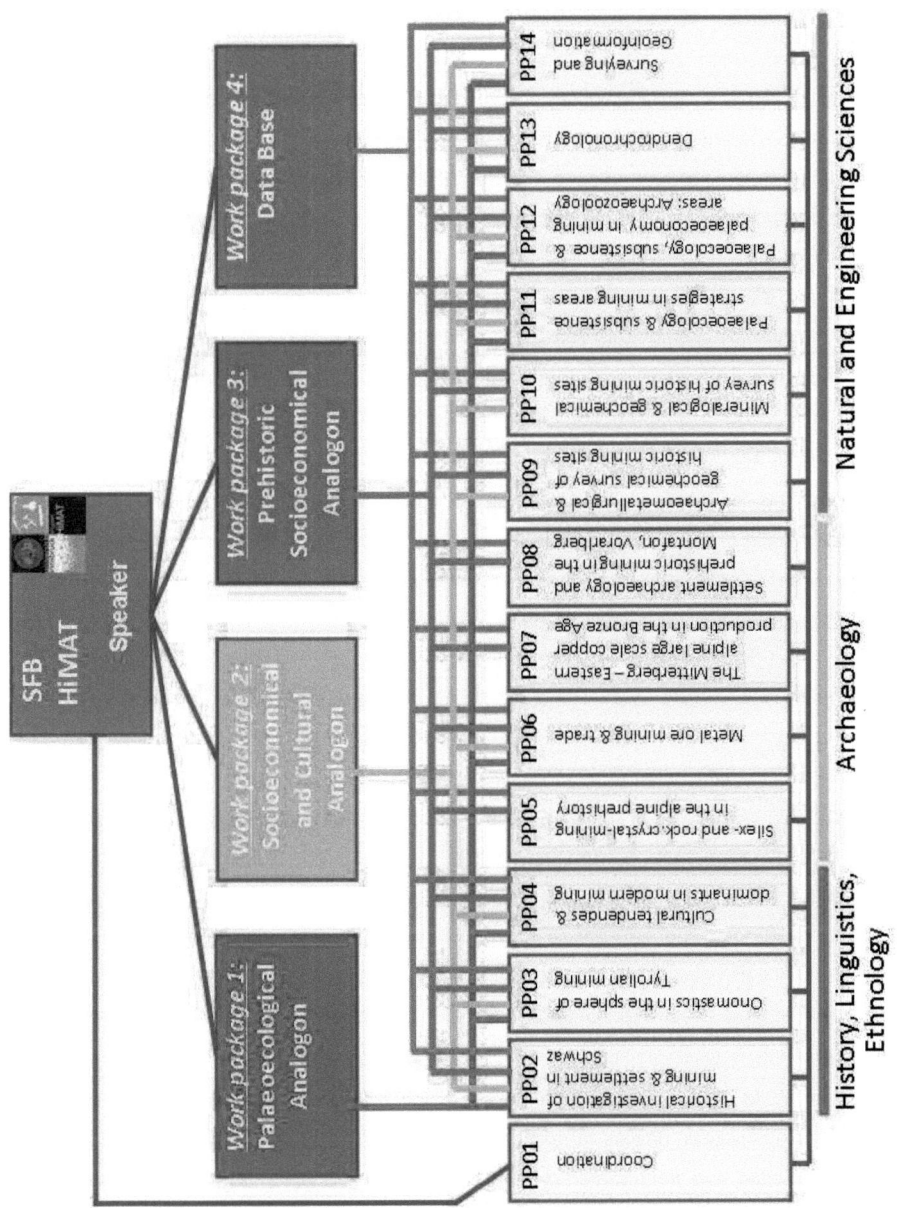

Abbildung 2: Struktur des SFB HiMAT (HIMAT STRUKTUR 2008)

2.2.2 Projektteil 14: Vermessung und Geoinformation

Für ein Projekt mit den Zielsetzungen von HIMAT sind einerseits die Vermessung und andererseits Geoinformationssysteme (GIS) notwendig für die Durchführung bestimmter Arbeitsaufgaben. Die Vermessung verwendet Methoden der Luftbild- und Nahbereichs-Photogrammmetrie und des 3D-Scanning (airborne und terrestrisches Laserscanning). Minen, Halden, Gebäude, archäologische Grabungen und archäologischen Funden werden auf diese Art dokumentiert und stehen in Form von digitalen 3D Modellen für weiterführende Analysen zur Verfügung. Da unterschiedliche Messtechniken Daten in verschiedener Auflösung und Genauigkeit liefern, ist die Zusammenführung dieser heterogenen Daten in einem gemeinsamen Koordinatenrahmen eine komplexe Aufgabe, für die geeignete und erfolgversprechende Verfahren entwickelt werden müssen.

Die Erfassung der thematischen Daten aller Projektteile wird durch ihre Georeferenzierung ergänzt, um die Daten in ihrem räumlichen Zusammenhang darstellen und verarbeiten zu können. Zu diesem Zweck werden Geoinformationssysteme (GIS) verwendet. Der Aufbau einer gemeinsamen Datenbasis ist die Voraussetzung für einen sinnvollen Einsatz. Diese Aufgabe des Projektteils 14 entspricht der „Work package 4" aus Abbildung 2. Die Datenbasis soll Inhalte aller Projektteile mit zugeordneten geographischen Objekten enthalten. Im Weiteren ist die räumliche Komponente der Daten mit Hilfe von Geoinformationssystemen (GIS) zu visualisieren, wobei hier vor allem Web GIS Technologien zum Einsatz kommen sollen, die die Datenbestände über interaktive, über das Internet abrufbare Karten darstellen. Die Visualisierung von Geobasisdaten (Topographische Karten, Orthofotos, ...) und Datenbeständen der einzelnen Projektteile sind ein geeignetes Medium um räumliche Zusammenhänge leicht erfassbar zu machen (HANKE 2007). Ein nächster Schritt ist die Durchführung von räumlichen Auswertungen wie beispielsweise die erhobenen Datenbestände in Bezug auf ein digitales Geländemodell zu analysieren.

Eines der Ziele dieser Dissertation ist es, solch eine Datenbasis aufzubauen und ein System zu entwickeln, das es ermöglicht die Daten in ihrem räumlichen Kontext in einem GIS darzustellen und weiterzuverarbeiten. Darüber hinaus soll eine Anwendung entwickelt werden, die die Darstellung der Daten in Form von interaktiven Karten im Internet ermöglicht (Web GIS).

3 Wissenschaftstheoretische Grundlagen

Um die Natur eines interdisziplinären Projektes und die daraus resultierenden Divergenzen in den Betrachtungsweisen besser verstehen zu können, werden grundlegende wissenschaftliche Ansätze näher erklärt. Das Wissen um die Vielfalt der auftretenden wissenschaftlichen Methoden, bildet die Voraussetzung für das Verständnis um die Notwendigkeit eines einheitlichen Konzeptes für die Wissensrepräsentation innerhalb interdisziplinärer Forschung. Eine Möglichkeit eines einheitlichen Konzeptes bilden die in der Informatik entwickelten formalen Ontologien. Sie werden im Anschluss an die wissenschaftlichen Methoden kurz erläutert und auf die zur Kulturgutdokumentation entwickelte Ontologie des CIDOC CRM wird näher eingegangen.

3.1 Wissenschaftliche Ansätze und Methoden

Im SFB HiMAT treffen verschiedenste Disziplinen aus den Naturwissenschaften, Geisteswissenschaften und technischen Wissenschaften zusammen. In Tabelle 2 sind die beteiligten Disziplinen und die entsprechenden Projektteile mit ihrer Gliederung in Geisteswissenschaften und Naturwissenschaften / technische Wissenschaften aufgelistet.

Geisteswissenschaften	Naturwissenschaften / technische Wissenschaften
Archäologie (PP05,PP06,PP07,PP08)	Metallurgie (PP09)
Geschichte (PP02)	Mineralogie (PP10)
Onomastik (PP03)	Paläoökologie (PP11)
Ethnologie (PP04)	Archäozoologie (PP12)
	Dendrochronologie (PP13)
	Vermessung und Geoinformation (PP14)

Tabelle 2: Geistes- und Naturwissenschaftlich / technische Disziplinen des SFB HiMAT

Was haben sie gemeinsam und wo unterscheiden sie sich? Wissenschaft im Allgemeinen bedeutet nach dem „Warum?" zu fragen und bei der Beantwortung dieser Frage systematisch und methodisch vorzugehen. Ziel ist es ein System von zusammenhängenden und begründeten wahren Aussagen zu schaffen und dieses hervorgebrachte Wissen zu verwalten (POSER 2001). Wie wird aber so ein System wahrer Aussagen geschaffen, das auch als wissenschaftliche Erkenntnis bezeichnet wird? Je nach Untersuchungsgegenstand und Disziplin kommt es zur Anwendung unterschiedlicher Methoden und Ansätze. In den Naturwissenschaften ist dies vor allem der analytische Ansatz, bei dem es um Beobachtungen und deren Interpretation geht. Die Bildung von Theorien und Systemen, die die Erklärung der beobachteten Phänomene ermöglichen und auch eine Voraussagefähigkeit besitzen, ist Ziel der Naturwissenschaften. Rationale Systeme werden behandelt, deren Variablen begrenzt sind und deswegen in Experimenten getestet werden können. Die Anwendung der entwickelten Theorien erfolgt unter anderem in der Technik und der Medizin. Die Biologie nimmt in den Naturwissenschaften eine Sonderstellung ein, da sie sich mit lebenden Systemen beschäftigt und für die Erklärung der beobachteten Phänomene den evolutionären Ansatz hervorgebracht hat.

In den Geisteswissenschaften seien hier der hermeneutische und der dialektische Ansatz erwähnt, die im Weiteren erläutert werden. Sie haben den Menschen und die von ihm gebildeten Systeme zum Inhalt. Damit unterscheiden sie sich in folgenden Merkmalen stark von den Naturwissenschaften: Die Komplexität der beobachteten Phänomene und Systeme ist derartig hoch, dass eine Isolierung einzelner Variablen sehr schwer möglich ist und dass das Experiment als Methode in den meisten Fällen nicht möglich ist. Der Mensch und die von ihm über sein Verhalten geschaffenen Systeme können nicht als rational angesehen werden. Sie sind oft auf Ziele ausgerichtet, die mit Wertsystemen zusammenhängen und damit subjektiv und nicht mehr objektiv sind. Ziel der Geisteswissenschaften ist es weniger Erklärungen und Voraussagen zu finden, als das Verständnis der Phänomene und ihrer individuellen Eigenheiten. Das Verstehen und die Betrachtung des Ganzen ist ein zentrales Anliegen.

Aber auch in den Geisteswissenschaften und Sozialwissenschaften haben die Methoden aus den Naturwissenschaften Einzug gehalten. Statistische Methoden sind in der Soziologie oder Psychologie nicht mehr wegzudenken und in den Geschichts- und Gesellschaftswissenschaften liefert der evolutionäre Ansatz als Analogie Erklärungsmöglichkeiten, an denen andere Ansätze scheitern. Im Weiteren wird auf die verschiedenen Ansätze und ihre spezifischen Methoden eingegangen.

3.1.1 Naturwissenschaften – der analytische Ansatz

Bei den Naturwissenschaften handelt es sich um empirische Wissenschaften, bei denen die Erkenntnis auf die Erfahrung zurückgeht. Es wird versucht, die Wirklichkeit möglichst voraussetzungslos zu betrachten. Tatsachen werden gesammelt und zu Systemen organisiert. Bei den Tatsachen handelt es sich um empirische Phänomene, die raumzeitlich lokalisierbar sind und sie müssen direkt oder indirekt beobachtbar oder messbar sein. Entscheidend für eine wissenschaftliche Bearbeitung ist es über ein ausreichendes Tatsachenmaterial zu verfügen, das nicht auf einer einseitigen Auswahl beruht und den Kriterien der Objektivität und Sachlichkeit entspricht (THEIMER 1985).

Es werden empirische Methoden wie Beobachtung, Messung oder Experiment angewendet, um Daten zu sammeln und diese Daten werden dann ausgewertet, wobei es zu einer Interpretation der beobachteten Tatsachen kommt. Ist das Datenmaterial ausreichend für Methoden der deskriptiven Statistik oder der Wahrscheinlichkeitstheorie, können diese zur Datenauswertung herangezogen werden. Diese Interpretation macht aus der Datensammlung erst eine Wissenschaft und führt zur Bildung von Theorien und Systemen. Die Differenzierung zwischen den empirisch erfassten Daten und ihrer Interpretation ist für die Nachvollziehbarkeit wissenschaftlicher Forschung ein entscheidender Aspekt.

Empirische Theorien haben die Funktion, die beobachteten Phänomene zu beschreiben, zu erklären und Vorhersagen zu treffen. Dabei wird nach einem reduktionistischen Prinzip gearbeitet, das heißt, es wird versucht die beobachteten Phänomene auf etwas anderes zurückzuführen, möglichst auf etwas, das vielen Phänomenen gemeinsam ist, bis nur noch wenige Grunderscheinungen übrig bleiben. Planetenbewegungen werden z.B. auf das Wirken von Schwerkraft und Anziehung zurückgeführt. Neue Theorien müssen stets die Ergebnisse früherer Theorien beinhalten. Newtons Gravitationstheorie musste für die Keplerschen Planetenbahnen gültig sein. Theorien müssen auf der Logik begründet sein. Dies bedeutet, dass die Aussagen einer Theorie logisch miteinander verbunden sein müssen und sich nicht widersprechen dürfen. Eine Art der logischen Folgerung ist die Deduktion. Sie liefert das Instrument, um aus einer Liste von Annahmen (Prämissen) zu einer Aussage (Konklusion) zu kommen. Wenn die Wahrheitswerte der Prämissen wahr sind, so muss auch die Konklusion eine wahre Aussage sein.

Klassisches Beispiel:
Annahme: Alle Menschen sind sterblich.
Annahme: Sokrates ist ein Mensch.

Aussage: Sokrates ist sterblich.

Auf diesem Prinzip basiert das Konzept der axiomatischen Wissenschaft, das schon von Aristoteles entwickelt wurde. In ihr besteht eine Theorie aus Axiomen, bei denen es sich um grundlegende Annahmen handelt, und Schlussfolgerungen, die über schrittweise logische Deduktion von den Axiomen abgeleitet werden. Die Axiome selbst können nicht durch formallogische Prozesse verifiziert werden. Bei Aristoteles müssen Axiome wahre Aussagen und evident sein, das heißt, ihre Wahrheit muss einsichtig sein.

Im Gegensatz dazu entstehen Axiome in den empirischen Wissenschaften über die mit empirischen Methoden gewonnen Daten und die Anwendung der Methode der Induktion. Bei der Induktion wird von einzelnen beobachteten Phänomenen auf die Grundgesamtheit geschlossen. Über den Schritt der Deduktion werden weitere Aussagen gefunden, die gemeinsam mit den Axiomen erst eine Hypothese und in weiterer Folge eine wissenschaftliche Theorie aufbauen (Abbildung 3). Der Unterschied zwischen Hypothese und Theorie liegt darin, dass die Theorie schon ausreichend verifiziert wurde und damit als aktuell richtige Erklärung angesehen wird.

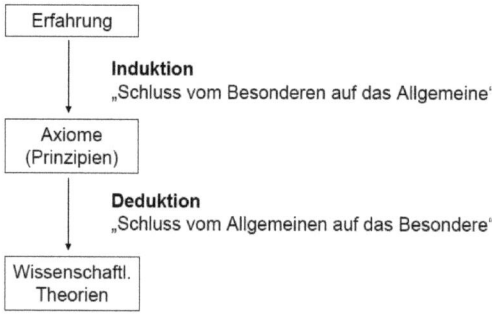

Abbildung 3: Entstehung von Axiomen und in der Folge wissenschaftlichen Theorien (LAUTH 2005)

Wissenschaftliche Hypothesen und Theorien müssen empirisch nachprüfbar sein. Nach Popper sind sie nicht durch die in Abbildung 3 dargestellte Methode verifizierbar, sondern nur durch empirische Methoden falsifizierbar. Eine empirische Verifikation ist nicht möglich. Wenn bei einem Experiment oder einer Beobachtung die Theorie oder Hypothese bestätigt wird, so handelt es sich dabei nur um eine vorläufige Verifikation. Das von Popper entwickelte Modell zur vorläufigen Verifikation und Falsifikation wissenschaftlicher Theorien ist in Abbildung 4 dargestellt. Statistische Testmethoden können zum Hypothesentest eingesetzt werden.

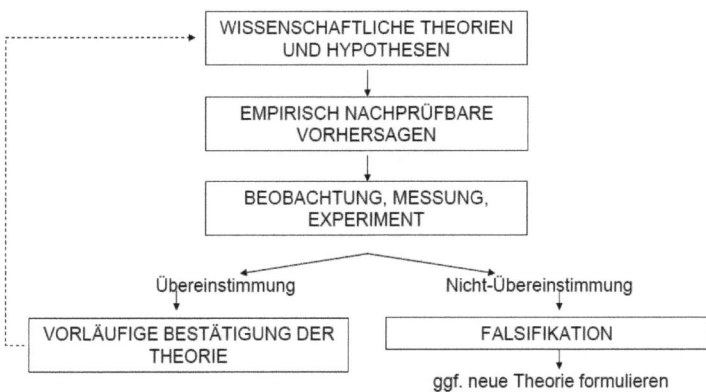

Abbildung 4: Poppers Modell zur vorläufigen Bestätigung oder Falsifikation wissenschaftlicher Theorien (LAUTH 2005)

Wenn wir jetzt die beschriebene Vorgangsweise zusammenfassen können sieben Schritte der naturwissenschaftlichen Forschung definiert werden (THEIMER 1985):

1. Erkennung und Formulierung des Problems
2. Beobachten und Experimentieren in genügendem Umfang und unter geeigneten Bedingungen
3. Das gemeinsame Prinzip der beobachteten Tatsachen suchen und über Induktion eine entsprechende Hypothese aufstellen.
4. Welche anderen Sachverhalte folgen aus dieser Hypothese? Die Deduktion logisch und experimentell überprüfen (Prinzip der Folgesätze).
5. Nach möglichen alternativen Hypothesen fragen und sie gegebenenfalls überprüfen (Prinzip der Alternative).
6. Die Fähigkeit der Hypothese zur Voraussage eines Ergebnisses experimentell überprüfen (Prinzip der Prognose).
7. Nach genügender Verifizierung eine Theorie oder ein Gesetz ableiten. Das Gesetz bzw. die Theorie umfasst nun alle vorkommenden Fälle.

3.1.2 Naturwissenschaften – der evolutionäre Ansatz

Die Biologie ist eine Naturwissenschaft und sie greift auf die Gesetze der Physik und Chemie zurück, die beispielsweise ausreichen, um einen Stoffwechselzyklus zu beschreiben. Das primäre Objekt der Biologie ist aber das Leben. Lebende Systeme bestehen zwar aus nicht lebendigem Material, aber durch den Grad ihrer Organisation und die zusätzliche Ausrichtung auf den Zweck des Überlebens und Vermehrens, werden sie zu Leben. Die Theorie des Lebendigen ist eine Systemtheorie. Ein System zeigt Eigenschaften, die seine Komponenten für sich betrachtet, nicht aufweisen. Um das zentrale Phänomen der Ausbildung neuer Arten in lebendigen Systemen zu beschreiben, entwickelte Darwin die Evolutionstheorie. Sie besagt, dass durch Variation (oder Mutation), begleitet von einer Selektion, neue Arten entstehen. Mutation, als spontan auftretende, nicht prognostizierbare und in diesem Sinne zufällige Veränderung des Erbgutes und Selektion als eine nachfolgende, von inneren und äußeren Bedingungen abhängige Auslese des Phänotyps, entsprechend der Vergrößerung der Überlebens- und damit der Reproduktionschancen der Mutanten (POSER 2001).

3.1.3 Geisteswissenschaften – Hermeneutik und Dialektik

In der Hermeneutik, als Methode der Geisteswissenschaften, insbesondere in den Geschichtswissenschaften, geht es um das Verstehen. Das Verstehen ist eine eigene Art der Erkenntnis, die das Individuelle, Einmalige und Unwiederholbare erfasst. Dies steht im Gegensatz zu den Naturwissenschaften, die nach Erklärungen und Gesetzmäßigkeiten suchen, die allgemeingültig sind. Eine weitere zentrale Rolle spielt das Verstehen des Ganzen. Über das Verständnis der Teile erschließe ich das Verstehen des Ganzen. Beispielsweise ergibt sich über das Verständnis der Teile (Sätze) eines Buches die Gesamtaussage des Buches. Nachdem ich diese erfasst habe, ordnet sich mein Verständnis der Sätze (Teile) neu durch das Verstehen des Gesamtzusammenhanges. Dies wird als „hermeneutischer Zirkel" bezeichnet (Abbildung 5). In der Hermeneutik ist das Vorverständnis, die geschichtliche Bedingtheit, die Grundlage für das Verstehen. Damit dieses Vorverständnis nicht subjektiv ist, wird es während der Ausbildung in einer wissenschaftlichen Disziplin zu einem gemeinsamen fachspezifischen Vorverständnis. Dies gilt nicht nur für die Geisteswissenschaften. Im Prozess der wissenschaftlichen Ausbildung in einer Fachdisziplin wird sichergestellt, dass physikalische Formeln oder grammatische Formen, mathematische Beweise oder dichterische Formen unter

Physikern, Linguisten, Mathematikern beziehungsweise Literaturwissenschaftlern innerhalb ihres Paradigmas oder ihrer Forschungstradition auf gleiche Weise verstanden werden (POSER 2001). Wissenschaftsgeschichtliche Betrachtungen zeigen, dass Vorverständnis und Paradigma ebenso in den Naturwissenschaften wirken und auch hier keine „voraussetzungslose" Wissenschaft betrieben wird (KUHN 1976).

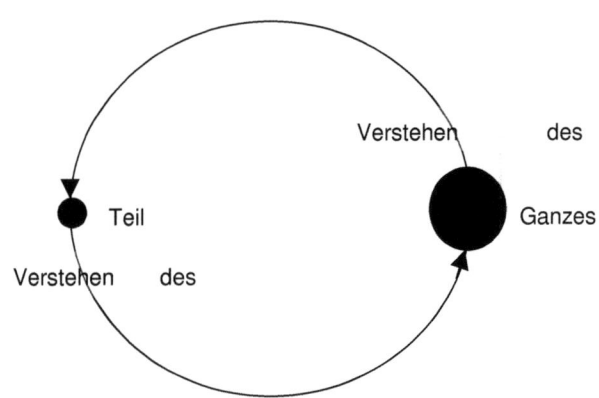

Abbildung 5: Hermeneutischer Zirkel (POSER 2001)

In der Dialektik gibt das Gespräch, der Dialog, die entscheidende Möglichkeit zum Verstehen. Durch das Auftreten einander widersprechender Auffassungen und dem Aufeinanderprallen gegensätzlicher Meinungen (These und Antithese), die einen Ausgleich verlangen, wird durch Ausräumen der Widersprüche (Synthese) die Wahrheit gefunden. Um dies zu verdeutlichen soll folgendes Beispiel dienen. Das Tauen von Schnee kann einerseits als Vergehen (von Schnee) oder andererseits als Entstehen (von Wasser) beschrieben werden. Die Sachlage determiniert nicht die Beschreibung. Der Widerspruch (als dialektischer Widerspruch bezeichnet), dass Schmelzen zugleich Vergehen und Entstehen ist, wird im nächsten Schritt des Verstehens aufgehoben, d.h. einerseits bewahrt, andererseits zur Lösung gebracht. Verstehen ist in der Sicht des Dialektikers das Aufheben dialektischer Widersprüche. Die Abfolge von These, Antithese und Synthese wird als „Dialektischer Dreischritt" bezeichnet. Dieser Dreischritt kann als Prozess durchgeführt werden, da jede Synthese wieder als These aufgefasst werden kann, zu der eine Antithese gebildet wird, und dieser dialektische Widerspruch verlangt ebenfalls nach einem Ausgleich, der Synthese. Dieser Prozess wäre an sich unendlich weiterführbar, was aber nie eine gesicherte Wahrheit ergibt. Deshalb wird als Abschluss das Ganze (Hegel) oder die Idee (Kant) hinzugenommen (Abbildung 6). In der Dialektik beruht die Begriffsbildung innerhalb der Sprache auf dem Prinzip des dialektischen Widerspruchs. (POSER 2001).

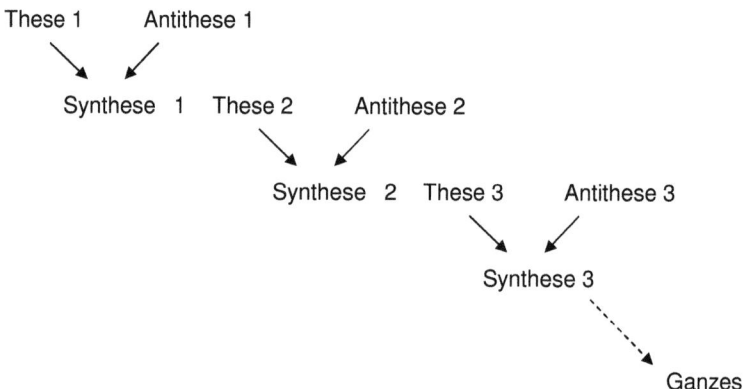

Abbildung 6: Dialektischer Dreischritt als Prozess (POSER 2001)

Sowohl bei Hermeneutik, als auch bei Dialektik wird nach den Gesetzen der Logik vorgegangen. Dennoch kann es zu unterschiedlichen Ergebnissen kommen, selbst wenn die gleiche Methode angewandt wurde. Grund dafür ist ein unterschiedliches Vorverständnis. Deswegen ist es wichtig, das Vorverständnis zu spezifizieren, mit dem an eine Fragestellung herangegangen wird.

3.1.4 Evolution als Analogie

Werden die zwei Grundbegriffe der Mutation und Selektion aus Darwins Evolutionstheorie in andere Wissenschaftsbereiche im Sinne einer Analogie übernommen, so ergeben sich für diese von der Biologie völlig verschiedenen Wissenschaftsbereiche interessante Erklärungsansätze, die mit den klassischen Methoden nicht erreichbar wären. Vor allem hochkomplexe dynamische Systeme wie geschichtliche Prozesse, entziehen sich kausalen Gesetzmäßigkeiten. Das heißt, dass die aus den Naturwissenschaften kommenden analytischen Methoden keine Erklärungs- oder Vorhersagemöglichkeiten für geschichtliche Prozesse liefern. Hermeneutik und Dialektik liefern kein einheitliches Verstehen, da es vom jeweiligen Vorverständnis abhängt, zu welchem Verständnis man kommt. Die Evolution stellt ein Deutungsschema zur Verfügung, das es ermöglicht, geschichtliche Prozesse zu verstehen, und sowohl Gegenwart als auch Vergangenheit mit Hilfe von Mutation und Selektion zu erklären (POSER 2001).

3.1.5 Interdisziplinäre Forschung

Nach der Darstellung der einzelnen wissenschaftlichen Ansätze ist erkennbar, dass die Daten und die daraus gewonnenen Erkenntnisse in einem interdisziplinären Projekt mit einer Vielzahl von wissenschaftlichen Methoden erreicht wurden und in unterschiedlichen Systemen vorliegen. Die Gemeinsamkeit liegt in der Anwendung der Logik, um Erkenntnisse zu gewinnen. Es existiert keine einheitliche Theorie, die die Zusammenführung der Daten und Ergebnisse erlauben würde. Was jedoch möglich ist, ist die Dokumentation der durchgeführten Forschungen, der dabei erhobenen und analysierten Datenquellen sowie der angewandten Methoden und der daraus resultierenden Ergebnisse. In den einzelnen Disziplinen werden schon jetzt Forschungen dokumentiert, Daten und Ergebnisse gespeichert oder in Publikationen präsentiert. Was fehlt, ist eine Dokumentation in einem einheitlichen System, das es ermöglicht, die erfassten oder generierten Datenbestände gemeinsam zu verwalten und auszuwerten. Wie eingangs von Poser definiert, ist eine zentrale Aufgabe der Wissenschaft die Verwaltung des Wissens. Wissen wurde seit Jahrhunderten in schriftlicher Form festgehalten und in Bibliotheken verwaltet und zugänglich gemacht. In den letzten Jahrzehnten sind elektronische Formen der Datenverwaltung hinzugekommen, die eine Erweiterung der Möglichkeiten bieten, was die Zugänglichkeit (über das Internet ist ein Werk gleichzeitig einer Vielzahl von Lesern zugänglich), die Verwaltung und vor allem die Vernetzung der Datenbestände betrifft. Für unsere Aufgabenstellung benötigen wir ein für alle Disziplinen einheitliches System, um die erfassten Daten abzubilden und miteinander in Beziehung zu setzen.

In der Informatik wurden im Bereich der künstlichen Intelligenz formale Ontologien entwickelt, um Wissen in einem nach den Regeln der Logik geordneten System zu organisieren und repräsentieren (GÖRTZ 2003). Diese Systematik soll zur Datenintegration verwendet werden und das Wissensmanagement für interdisziplinäre Forschung ermöglichen.

3.2 Ontologien

Nach einer kurzen Einführung über den geschichtlich-philosophischen Hintergrund von Ontologien werden formale Ontologien in der Informatik näher erklärt. Die für Kulturgutdokumentation entwickelte Ontologie des CIDOC CRM dient als Beispiel. Sie wird als Grundlage für die Wissensrepräsentation innerhalb des SFB HiMAT dienen.

3.2.1 Grundlagen

Ontologie beschäftigt sich in der Antike als Teil der allgemeinen Metaphysik mit dem „was ist", dem „Seienden". Seiendes ist die existierende Welt von Gegenständen, Eigenschaften oder Beziehungen, die räumlich und zeitlich bestimmbar sind und vom Menschen wahrgenommen werden können. Die Untersuchung des Wesens von allem Seienden ist Hauptgegenstand der Ontologie.

Die analytische Ontologie versucht, allgemeine und grundlegende Strukturen und Eigenschaften der Wirklichkeit (der existierenden Welt) zu erfassen. Über den Begriff der Kategorien erfolgt eine Einteilung von allem Existierenden. Als grundlegende ontologische Kategorien werden Objekt (od. Gegenstand), Eigenschaft und Ereignis bezeichnet. Aristoteles spricht beispielsweise von 10 Kategorien wie Substanz, Quantität, Qualität, Relation, Wann, Wo, Lage, Haben, Tun, Leiden. Die erste Kategorie, die Substanz (z.B.: ein Mensch, ein Baum) nimmt eine besondere Stellung ein, da sie selbstständig existieren kann, sie ist das Zugrundeliegende, das Essentielle. Sie würde dem Objekt oder Gegenstand der grundlegenden ontologischen Kategorien entsprechen. Die anderen Kategorien kann es nur im Zusammenhang mit einer Substanz geben, sie entsprechen den Eigenschaften, die nicht das Wesentliche der Substanz ausmachen. So kann beispielsweise Sokrates ohne seinen Bart existieren, aber der Bart kann nicht ohne Sokrates existieren. Dadurch ist es möglich zu erklären, warum beispielsweise eine Person, die sich im Laufe der Zeit verändert, also eine Veränderung ihrer Eigenschaften erfährt, dennoch substanziell dieselbe Person bleibt. Sokrates kann also seinen Bart abnehmen und doch weiterhin Sokrates bleiben. Aristoteles unterscheidet die Substanz nochmals nach erster Substanz und zweiter Substanz, wobei die erste das Individuum (Sokrates) und die zweite Substanz die Art des Individuums (der Mensch) ist. Diese Unterscheidung zwischen dem individuellen Objekt und dem das Objekt klassifizierenden

Begriff ist in der formalen Ontologie und ihrer Anwendung in der Informatik von großer Bedeutung.

3.2.2 Formale Ontologien in der Informatik

In formalen Ontologien werden ontologische Theoriebildungen vorgenommen, welche sich weitgehend formaler Instrumentarien bedienen. Ähnlich wie die formale Logik keine konkreten Gehalte studiert, sondern logische Beziehungen im Allgemeinen, beschreibt die formale Ontologie allgemeine Eigenschaften, Beziehungen, Identifikations- und Identitätskriterien von Objekten überhaupt. Teilweise bilden dabei unsere Urteile über die Strukturen der Wirklichkeit den Ausgangspunkt der Untersuchung.

Formale Ontologien werden in der Informatik zur Wissensrepräsentation eingesetzt, um mit Hilfe einer Kozeptualisierung für einen ausgewählten Teil der Wirklichkeit ein abstraktes, vereinfachtes Modell aufzubauen. Um das Modell aufzubauen wird die Realität in Kategorien strukturiert, die in formalen Ontologien als Klassen oder Begriffe bezeichnet werden. Klassen und deren Beziehungen zueinander werden explizit und formal spezifiziert (GRUBER 1993). Es werden die Bedeutungen von Klassen definiert, beispielsweise mit Hilfe der Beschreibung gemeinsamer Eigenschaften und der Abgrenzung zu anderen Klassen. Diese Bedeutungsdefinitionen (semantische Definitionen) der Klassen sind in der Spezifikation der Ontologie angegeben. Außerdem werden Regeln über den Zusammenhang zwischen unterschiedlichen Klassen aufgestellt und auch diese werden formal spezifiziert. Damit unterscheiden sich Ontologien von klassischen Datenmodellen, die keine Informationen über die Bedeutung der gespeicherten Daten haben. Die Regeln innerhalb einer Ontologie erlauben es, Rückschlüsse aus den vorhandenen Daten zu ziehen, Widersprüche in den Daten zu erkennen und fehlendes Wissen selbständig aus dem Vorhandenen zu ergänzen. Diese Rückschlüsse werden durch logisches Folgern abgeleitet.

Eine formale Ontologie besteht aus folgenden Bestandteilen:

- **Klassen** oder **Begriffe**: Die Beschreibung gemeinsamer Eigenschaften wird als Klasse oder Begriff definiert. Diese können in einer Klassenstruktur mit Über- und Unterklasse angeordnet werden (z. B. die Klassen „Mensch" oder „Tier").
- **Instanzen:** Instanzen repräsentieren individuelle Objekte in der Ontologie und stellen das zur Verfügung stehende Wissen dar. Diese werden anhand vorher definierter Klassen erzeugt (z. B. Sokrates als Instanz der Klasse Mensch).

- **Eigenschaften oder Beziehungen:** Instanzen gleichen Typs können an verschiedene Gegebenheiten angepasst werden. Dazu werden Eigenschaften verwendet, die beschreiben, welche Beziehungen zwischen den Klassen und damit ihren Instanzen bestehen (z. B. Sokrates *hat das Geschlecht* männlich). • Eigenschaften werden auch als Beziehungen bezeichnet.
- **Vererbung:** Es ist möglich, die Eigenschaften der Klassen zu vererben. Dabei werden alle Eigenschaften an das erbende Element weitergegeben. Existieren in einer Ontologie der Begriffe Säugetier mit dem Unterbegriff Mensch, so vererbt Säugetier seine Eigenschaften an Mensch.
- **Axiome:** Axiome sind Aussagen innerhalb der Ontologie, die immer wahr sind. Diese werden normalerweise dazu verwendet, Wissen zu repräsentieren, das nicht aus anderen Begriffen abgeleitet werden kann (z. B. Säugetiere sind sterblich).

3.2.3 Die formalen Ontologie des CIDOC CRM

Formale Ontologien können für einen speziellen Themenbereich entwickelt werden (GUARINO 1996). Auf der Suche nach einer existierenden geeigneten formalen Ontologie, die das Wissen unseres Projektes in seiner Differenziertheit und mit seinen Zusammenhängen abbilden kann stießen wir auf das vom „Internationalen Ausschuss für Dokumentation" (CIDOC) des „Internationalen Museumsrates" (ICOM, International Council of Museums) entwickelte CIDOC Conceptual Reference Model (CIDOC CRM) (CROFTS et al. 2009). Diese formale Ontologie wurde 2006 zu einem ISO Standard im Bereich des kulturellen Erbes (ISO 2006). In dieser Ontologie wurden alle Kategorien gefunden, die die Dokumentation der durchgeführten Forschungen, der dabei erhobenen und analysierten Daten sowie der angewandten Methoden und der daraus resultierenden Ergebnisse ermöglichen. Es wird ein einheitliches übergeordnetes System geschaffen, das die heterogenen Datenbestände, die aufgrund verschiedenster wissenschaftlicher Ansätze und Forschungsmethoden entstanden sind, gemeinsam nutzbar macht. Derzeit beinhaltet es 86 Klassen (Begriffe), die Kategorien von Objekten beschreiben, wovon jede Kategorie eines oder mehrere Merkmale teilen, die als Kriterium zur Identifikation dieser Klasse dienen. Dieser Umfang einer Klasse wird über abgrenzende Merkmale beschrieben und in den Beschreibungen werden Beispiele angegeben. Die Klassen sind in einer Hierarchie organisiert. Es gibt 137 Eigenschaften oder Beziehungen, die diese Klassen auf bestimmte Arten miteinander verbinden und diese Beziehungen sind ebenfalls durch abgrenzende Merkmale beschrieben (Anhang 8.1). Diese Ontologie wurde von English Heritage verwendet und erweitert, mit dem Ziel, ein Datenmodell für ihre Ausgrabungsprojekte und die dort produzierten Wissensbestände zu schaffen (CRIPPS et al. 2004). In Norwegen wurde das CIDOC CRM eingesetzt, um innerhalb des National Documentation Projektes eine Datenstruktur für die norwegischen Archäologischen Museen zu entwickeln (HOLMEN et al. 2004). Für die Ontologie wurde eine Webseite angelegt, in der die deutsche Übersetzung mit einem interaktiven Zugriff auf die Definitionen der Klassen und Eigenschaften in ihren entsprechenden Hierarchien (http://cidoc-crm.gnm.de/wiki/Hauptseite). In Anhang A (Kapitel 8.1) sind die Klassenhierarchie des CIDOC CRM mit ausgewählte Klassen und Eigenschaften und ihren Definitionen angeführt. Die Verwendung innerhalb von HiMAT wird im zweiten Teil des folgenden Kapitels „Methodik" beschrieben.

4 Methodik

Die hier präsentierte Methodik zu einer ontologiebasierten Wissensrepräsentation umfasst drei Schritte. Zuerst führen wir eine Erfassung der, in den beteiligten Disziplinen, vorhandenen Datenbestände durch und erzeugen darauf basierend eine Definition von gemeinsamen Informationen, die als Grundlage für den Austausch von Daten über Disziplingrenzen dient.

Der zweite Schritt ist die Auswahl von Klassen und Eigenschaften des CIDOC CRM die das definierte Wissen repräsentieren. Dieser Vorgang wird auch als „mapping" bezeichnet.

Abschließend erstellen wir als dritten Schritt einen hierarchischen Thesaurus, der die Begriffe für den gewählten Themenbereich, bei uns die Forschungen zum prähistorischen und historischen Bergbau, vereinheitlicht. Die Hierarchiestruktur basiert auf den Klassen des CIDOC CRM. Mit dieser Methode erreichen wir die Spezialisierung der Ontologie für die Bedürfnisse des relevanten Themenbereiches.

Am Beispiel einer konkreten archäologischen Ausgrabung innerhalb des SFB HiMAT wird das theoretische Gerüst verdeutlicht und das Zusammenspiel von Ontologie, Thesaurus und realen Daten gezeigt.

4.1 Datenbestände und Definition der gemeinsamen Informationen

Ein Teil der Arbeit der einzelnen Disziplinen besteht in der Erfassung von Informationen wie beispielsweise Historiker, die bestimmte Informationen aus Archivalien aufnehmen. Eine andere Art der wissenschaftlichen Arbeit ist die Beobachtung von realweltlichen Zuständen und Phänomenen. Beispiele sind Dendrochronologen, die Muster von Jahresringen von Bäumen analysieren oder Geodäten, die das Gelände vermessen. Je nach Fragestellung werden unterschiedliche Aspekte der Realität erfasst und in mehr oder weniger komplexen Modellen abgebildet. Die Modelle und aufgenommenen Kategorien sind in den einzelnen Disziplinen höchst unterschiedlich. Selbst innerhalb eines Fachbereichs kann es zu sehr heterogenen Datenbeständen kommen. Zwei archäologische Datenbanken, die sich mit unterschiedlichen Themen beschäftigen (z.B.: Steinzeitwerkzeuge und ägyptische Reliefs) können vollkommen unterschiedliche Kategorien aufweisen.

Durch Einzelinterviews mit den beteiligten Disziplinen wurde eine Bestandsaufnahme gemacht, welche Informationen digital oder analog vorhanden sind und welche Relevanz sie im gesamten Projektzusammenhang haben. Dafür wurde ein Fragebogen mit allen Projektteilen durchgearbeitet. Beispiele der vorhandenen Datenbestände sind in Tabelle 3 aufgeführt. Nach dieser Informationssichtung wurde klar, dass es nicht möglich und sinnvoll ist, sämtliche projektteilspezifisch vorliegenden Informationen zusammenzuführen, sondern mit Hilfe von Metadaten aufzunehmen, welche Daten vorhanden sind. Metadaten sind die Berührungspunkte zwischen den Disziplinen und über sie soll es zu einem intensiven Austausch kommen, um Informationen, die für benachbarte oder weiterführende Forschungen von Wichtigkeit sind zur Verfügung zu stellen.

Projektteil	Informationsbestände	Digitale Datenformate	Analoge Daten
PP02	Familienverhältnissen, Literatur,	Filemaker Datenbank, Word	Archivalien
PP03	Namendatenbank, verortete Namen, Literatur, Fotos	Access Datenbank, Shapefile, JPG, Excel	Archivalien
PP04	Interviews, Transkriptionen, Sagen, Literatur, Fotos	mp3 Format, Word, Access, JPG	Tonbandaufzeichnungen, Literatur
PP05	Fundorte, Fundstücke, Beschreibungen, Fotos	Word, Excel, Access, JPG, PDF	Tafeln, Profile, Pläne, Literatur
PP06	Fundorte, Fundstücke	Excel Datenblatt	Literatur
PP07	3D Stollenmodell, Fund- und Grabungsdokumentation Bergbauthesaurus	Access Datenbank, DXF, Erdas Imagine	
PP08	Funddokumentation	Archäodata (Access),	
PP09	Datenbank zu Metallanalysen	Access Datenbank	
PP10	(Digitale) Geologische Karten	ESRI-Shapefiles	
PP11	Pollendatenbank, Pollenprofile	Oracle Datenbank, Pollenprofile	
PP12	KnochenDatenbank	Access	
PP13	Tabelle mit historischen und subfossilen Hölzern	Excel Datenblatt (ca. 8500-9000 Einträge)	
PP14	Geobasisdaten, 3D Modelle, Vermessungsergebnisse	Dxf, Shapefile, tiff, avi, 3D PDF	

Tabelle 3: Beispiele für Informationsbestände innerhalb der Projektteile

Für die Bestimmung der Metadatenfelder (der gemeinsamen relevanten Kategorien) wurden die in den einzelnen Projektteilen bestehenden Datenbestände mit den in ihnen gespeicherten Kategorien analysiert und ihre Relevanz für das Gesamtprojekt über Gespräche mit den beteiligten Wissenschaftlern bewertet. Offensichtliche Beispiele für gemeinsame Kategorien, die sich durch die historischen Fragestellungen des Projektes ergeben, sind Raum und Zeit. Die Erfassung der thematischen Kategorien in denen sich die Disziplinen überschneiden, gestaltete sich wesentlich schwieriger. Über die Definition gemeinsamer Metadatenfelder sollte ein Konsens geschaffen werden, welche Informationen im projektteilübergreifenden Datenaustausch wichtig sind. Vier Fragen (Wer?, Wo?, Wann?, Was?) lieferten den Leitfaden zur Sammlung der Metadatenfelder, die nach mehreren Arbeitstreffen bei einem gemeinsamen Workshop beschlossen wurden.Beispiele für Metadatenfelder, geordnet nach den Leitfragen sind in Tabelle 4 dargestellt.

Feldname	Beschreibung	Beispiele
	WER	
Projektteil	liefernder Projektteil	pp06
Datenquelle, Erhebungsart	Urheber der Daten wie wurden Daten erfasst	Sölder 2002
BearbeiterIn	von wem wurden diese Daten Innerhalb von Himat bearbeitet	Ulrike Töchterle
Gewährsperson	Vom welcher PERSON stammen die Daten letztlich z.B.: Interview	
	WO	
Ortsbezeichnung	Bezeichnung	Kiechlberg
Ymin-Koordinate	westlichste geographische Länge im entsprechenden Koordinatensystem	84186,12
Xmin-Koordinate	südlichste geographische Breite im entsprechenden Koordinatensystem	241122,64
Höhe von	Höhe über dem Meeresspiegel in Meter	1020,23
Höhe bis	Höhe über dem Meeresspiegel in Meter	1120,23
Koordinatensystem	In welchem Koordinatensystem sind die Y und X Koordinaten angegeben	Gauß Krüger M28
Erfassungsart	Wie wurden die Koordinaten erfasst	GPS
Verwaltungsbezirk	Name des Verwaltungsbezirkes	Innsbruck-Land
Gemeinde	Name der Gemeinde	Thaur
	WANN	
Von (absolut)	absolute Datierung (in negativen Zahlen für BC)	-1300
Bis (absolut)	absolute Datierung (in negativen Zahlen für BC)	-1200
Periode	Allgemeine Epochenbezeichnung	Bronzezeit
Kultur	Kulturbezeichnungen, Kulturgruppen	Cham
Phase, Stufe	Phasen-, bzw. Stufenbezeichnung, z. B. nach P. Reinecke, H. Müller-Karpe, L. Sperber usw.	Ha D2
Datierungsart	Die Methode der Datierung	C^{14}-konventionell

	WAS	
Titel, Name	Titel der Abhandlung, Name des Objektes	Holztrog
Thema	Das Thema wird durch definierte Begriffe angegeben	Verhüttung, Industralisierung
Beschreibung	Nähere Beschreibung des Objektes (Freitext)	Der Holztrog wurde zur Waschung des erzhaltigen Gesteins verwendet
Analysen Methode	um was für eine Analyse handelt es sich?	RFA
Fund Kategorie	welche Art von Material liegt vor?	Pollen
Fund Erhaltung	in welchem Zustand liegt das Material vor? (zumindest der Hauptteil des Materials)	verkohlt
Material	aus welchem Material besteht der Fund?	Bronze
Objektfunktion	Funktionelle Beschreibung	Schmuck
Objektbezeichnung	Fachbegriff des Fundobjektes	Fibel

Tabelle 4: Beispiele für Metadatenfelder nach den Leitfragen WER?, WO?, WANN?, WAS?

Ein wichtiges Diskussionsthema bei einem gemeinsamen Datenpool ist die Frage nach der Herkunft der Daten. Die Auswertung und Weiterinterpretation von Daten ist abhängig von den Forschungsmethoden, die zu ihnen geführt haben. Eine Datierung hat beispielsweise eine andere Genauigkeit, abhängig davon, ob sie mit C^{14} durchgeführt wurde oder aufgrund einer Kulturschicht entstanden ist. Dies führte zur Notwendigkeit sowohl die Forschungsmethoden als auch die durchführenden Personen zu erfassen. Diese Erfassung der Forschungsaktivitäten hat den weiteren Vorteil, dass schon während des Projektes sichtbar ist, in welchen Teilbereichen geforscht wird und wer daran beteiligt ist. Bei einem Projekt von der Größe von HiMAT, wo es 13 selbstständig operierende Projektteile gibt, sind diese Informationen für eine intensivere Vernetzung von Vorteil. Würden nur Forschungsergebnisse in den Datenpool eingehen, kann es zu lange dauern, bis ein anderer Projektteil von Forschungsaktivitäten erfährt, die für ihn relevant sind. Beispielsweise ist es interessant für Botaniker, die anhand eines Pollenprofiles die Vegetationsgeschichte eines bestimmten geographischen Bereiches analysieren, ob Historiker zu diesem Bereich Quellenanalysen durchführen. Ist das der Fall, können die Historiker darauf angesetzt werden bei ihren Quellenstudien auch Informationen über die Vegetation mit aufzunehmen, was sie sonst nicht tun würden, weil es nicht mit ihrer direkten Forschungsfrage zusammenhängt.

Metadatenfelder, die unterste Ebene des Metadatensystems, müssen mit Inhalten gefüllt werden. Eine entscheidende Voraussetzung für eine automatisierte Weiterverarbeitung der Daten ist die Standardisierung der Inhalte der Metadatenfelder. Es muss also zu einer Harmonisierung der Begrifflichkeiten in einem gemeinsamen Thesaurus kommen. Diese im Thesaurus gesammelten Begriffe dienen dann als Eingabeoptionen für die Metadatenfelder.

Im nächsten Schritt wurde geprüft, welche standardisierten Metadatensysteme bereits existieren und ob mit ihnen die definierten zeitlichen, räumlichen und thematischen Kategorien abgedeckt werden können. Die Verwendung eines Standards ist auf mehreren Ebenen sinnvoll. Standardisierte Datenbestände können besser die Projektdauer überleben, da auch nach Ende des Projektes nachvollziehbar ist, mit welchem System die Daten geordnet wurden. Die im vorhergehenden Kapitel eingeführte formale Ontologie des CIDOC CRM. findet innerhalb des SFB HiMAT Verwendung und sie wird in den nächsten Unterkapiteln beschrieben.

4.2 Die formalen Ontologie des CIDOC CRM innerhalb des SFB HiMAT

Der Umfang und die Komplexität des CIDOC CRM bedingen, dass wir für unsere Aufgabenstellung innerhalb des SFB HiMAT nur eine Untermenge von Klassen und Beziehungen auswählten. Und zwar jene Klassen und Beziehungen, die notwendig sind, um die in Kapitel 4.1 definierten Informationen zu repräsentieren und miteinander zu verbinden.

4.2.1 CRM Klassen für den SFB HiMAT

In Abbildung 7 sind die für unser Projekt primären relevanten Klassen (mit ihrer CIDOC CRM Bezeichnung von „Exx") dargestellt. Für die Fragen nach dem „Wer?", „Wo?", „Wann?" wurden die Klassen *Person*, *Ort* und *Zeitspanne* herangezogen. Für die Frage nach dem „Was?" sind drei Gruppen von Klassen notwendig: materielle Dinge, geistige Dinge und Ereignisse. Bei der Gruppe der materiellen Dinge handelt es sich um Sachen, die physikalisch existieren oder existiert haben. Der wesentliche Unterschied zwischen einem Materiellen Merkmal und einem Materiellen Gegenstand liegt in der Ortsbeweglichkeit von Materiellen Gegenständen (z.B. Fundstücke)., Materielle Merkmale sind im Gegensatz dazu Bestandteile der umgebenden Materie, in unserem Fall meist der Erdoberfläche (Siedlungen, Häuser, Bergwerke, Gruben, Ausgrabungen,..).

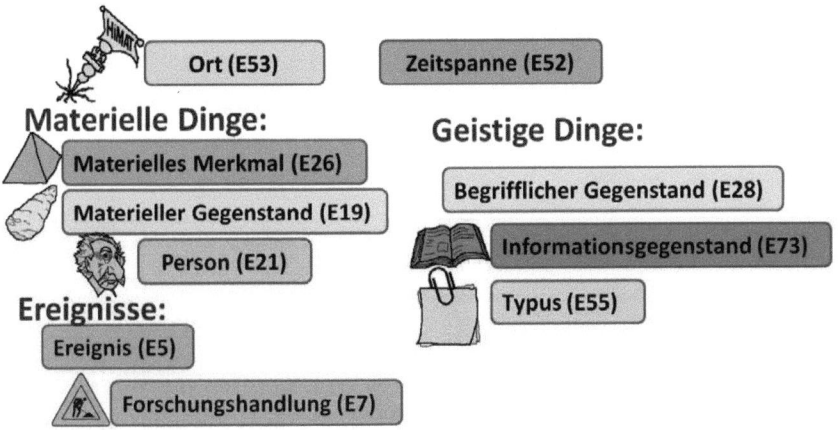

Abbildung 7: Primäre CIDOC-CRM Klassen im SFB HiMAT

Bei der Gruppe der geistigen Dinge handelt es sich um nichtmaterielle Produkte des menschlichen Geistes wie Erzählungen, Begriffe, Konzepte, Erfindungen, Techniken, wissenschaftliche Forschungen. *Informationsgegenstände* beinhalten solche Produkte des menschlichen Geistes. Sie können auf den verschiedensten Trägermedien existieren wie Büchern, Bildern, Fotos, Landkarten, Tonträgern oder den entsprechenden digitalen Medien. Bei der Klasse *Typus* handelt es sich um vom Menschen gebildete Begriffe, die eine Einteilung von Objekten in Kategorien ermöglichen. Beispielsweise die Begriffe „Werkzeug", „Schmuck", „Kleidung" oder „Schlacken" für *Materielle Gegenstände*. Einem bestimmten Gegenstand, können dann eine oder mehrere Kategorien zugeordnet werden. Eine spezielle Art von *Typus*, die im SFB HiMAT eine große Rolle spielt, ist das *Material* (z.B.: Stein, Kupfer, Bronze, Holz).

Zentral im Modell des CIDOC CRM sind die Ereignisse, in unserem Fall historische Ereignisse, die untersuchte materielle Dinge (z.B.: Gruben, Aufbereitungsplätze, Fundstücke) oder Informationsgegenstände (historische Quellen) hervorgebracht haben. Forschungshandlungen haben vor allem jene Informationsgegenstände erzeugt, deren Verarbeitung und Verwaltung unser zentrales Anliegen ist. Aus inhaltlichen Gründen wurde eine Unterscheidung zwischen Ereignis (vor allem historische Ereignisse) und Forschungsaktivität vorgenommen wie sie auch von English Heritage (CRIPPS et al. 2004) vorgeschlagen wird. Tabelle 5 enthält über die grundlegenden Klassen hinausgehende notwendige Unterklassen und gibt Beispiele aus dem SFB HiMAT.

CIDOC CRM Klasse Unterklasse	Beispiele
E26 Materielles Merkmal E25 Hergestelltes Merkmal E19 Materieller Gegenstand E22 Künstlicher Gegenstand E20 Biologischer Gegenstand	Topographie (Berg), Geologie (Lagerstätte) Bergwerk, Stollen, Siedlung, ... Gesteinsprobe Werkzeug, Keramik Pollenprobe, Baum
E28 Begrifflicher Gegenstand E73 Informationsgegenstand E38 Bild E33 Sprachlicher Gegenstand E55 Typus E 57 Material	Disziplin, Industrialisierung, Religion PDF Dokument, Digitales Geländemodell (Ortho)Foto Interview, Erzählung, Sage Siedlung, Werkzeug Kupfer, Holz, Bronze
E5 Ereignis E7 Handlung E16 Messung	Klimaveränderung, Lawine Bergbau, Landwirtschaft, Vermessung, Pollenanalyse
E52 Zeitraum E49 Zeitbenennung	Zeitraum Bronzezeit
E39 Akteur E21 Person E74 Gruppe	 Projektmitarbeiter, historische Person Projektteile, Bergarbeiter, Bauer
E41 Benennung E35 Titel E82 Akteurbenennung E49 Zeitbenennung E44 Ortsbenennung E48 Orts- oder Flurname E47 Spatial Coordinates	 Der bronzezeitliche Bergbau Gerald Hiebel Bronzezeit Tirol, Schwaz 13,2323 15,54534
E53 Ort	Schwaz (als zugeordnete E44 Ortsbenennung)

Tabelle 5: Hierarchisch geordnete CIDOC CRM Klassen mit Beispielen

4.2.2 CIDOC CRM Eigenschaften für den SFB HiMAT

Nach der Bestimmung der relevanten Klassen müssen die für HiMAT essentiellen Beziehungen zwischen diesen Klassen gefunden werden. Beziehungen werden im CIDOC CRM als Eigenschaften (engl. Properties) bezeichnet und werden mit der Notation „Pxx" benannt. Um die Funktionen von Eigenschaften in der Ontologie des CIDOC CRM zu erklären, sind in Abbildung 8 die für HiMAT wichtigsten Klassen und ihre Verbindungen untereinander mit den für uns grundlegenden Beziehungen dargestellt. Die Definitionen dieser Klassen und der Eigenschaften aus dieser Abbildung sind in Anhang A (Kapitel 8.1) angeführt.

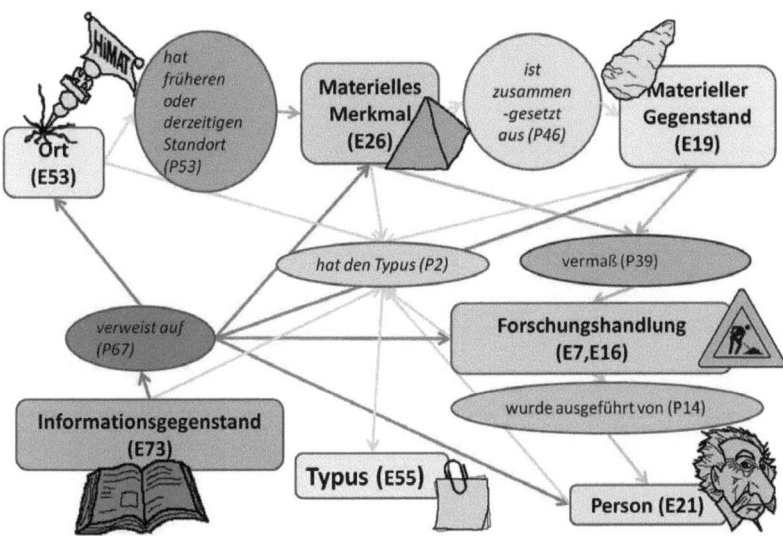

Abbildung 8: Wichtigste CIDOC CRM Klassen des SFB HiMAT mit ihren grundlegenden Beziehungen

In Abbildung 9 sind die primären Klassen und Eigenschaften, die unser in Kapitel 4.1 definiertes Wissen repräsentieren sollen, mit ihren englischen Bezeichnungen illustriert. Im Zuge der Arbeit mit realen Daten wird es zur Erweiterung der verwendeten Eigenschaften kommen. Die hier eingeführte Beschreibung von Ereignis (E5) als historischem Ereignis und Handlung (E7) als Forschungshandlung folgt dem Ansatz von English Heritage (CROFTS et al. 2004), wird aber im Zuge der Implementierung nicht weiter verfolgt und dient hier nur zum besseren Verständnis.

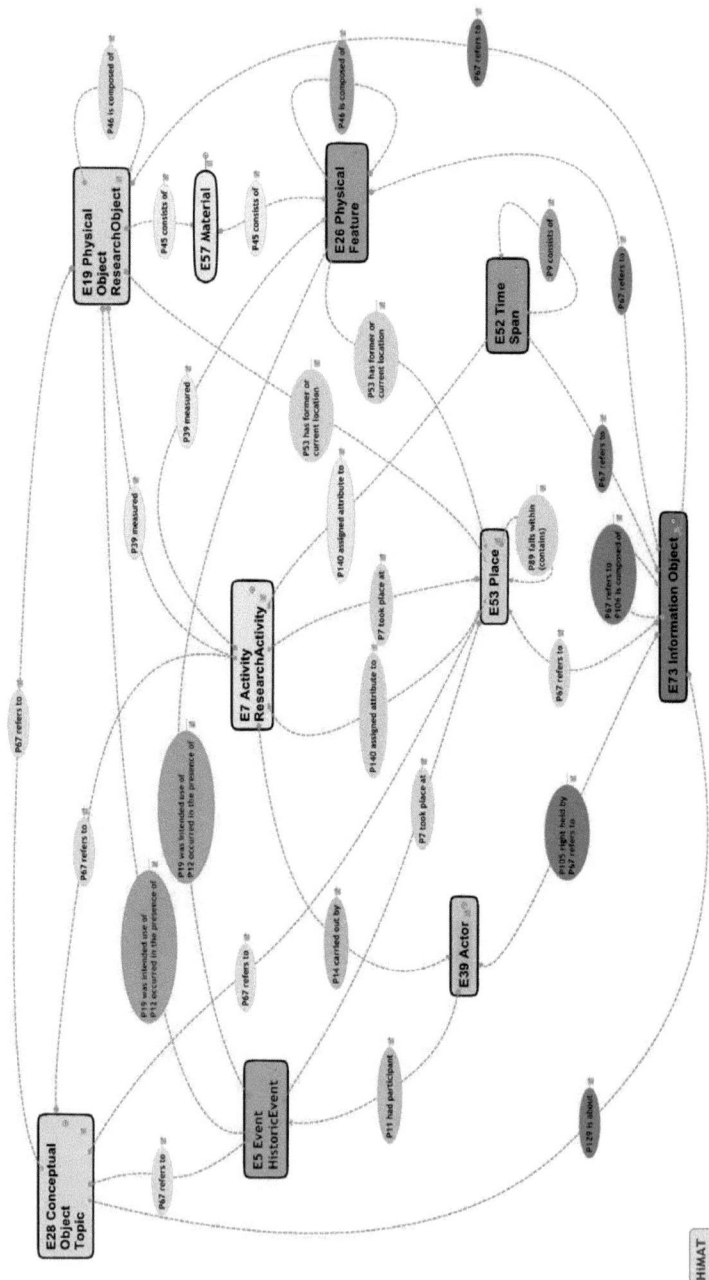

Abbildung 9: Primäre Klassen und Eigenschaften im SFB HiMAT

4.3 Definition eines Thesaurus

Um in einem interdisziplinären Projekt wie dem SFB HiMAT die Kommunikation zu verbessern, ist der Aufbau eines kontrollierten Vokabulars wünschenswert. Für eine EDV technische Weiterverarbeitung von Daten ist es sogar eine Voraussetzung. Die am Projekt beteiligten Disziplinen verwenden bestimmte Begriffe mit klar definierten Bedeutungen, die oft mit einem konkreten Wort bezeichnet werden. In einer anderen Disziplin kann dasselbe Wort jedoch eine andere Bedeutung haben (Homonym: *Kiefer*, Baum oder beweglicher Teil des Gesichtsschädels) oder unterschiedliche Wörter haben die gleiche Bedeutung (Synonyme: Vetter und Cousin).

Die einzelnen Projektteile sammelten relevante Begriffe und harmonisierten diese in gemeinsamen Workshops. Da eine reine Sammlung schnell unübersichtlich wird und eine alphabetische Sortierung nicht geeignet ist um Begriffe aufzufinden, die nicht selbst vergeben wurden, haben wir uns für eine hierarchische Ordnung des Wortschatzes entschieden. Die für HiMAT ausgewählten semantischen Klassen des CIDOC CRM wurden in ihrer bestehenden Hierarchie eingesetzt, um eine Ordnung der Begriffe vorzunehmen. Dies hat mehrere Vorteile:

- es existieren hierarchische Definitionen für die grundlegenden Kategorien anhand ihrer Bedeutung (semantische Definitionen)
- die Projektteile werden mit den Kategorien und Definitionen des CIDOC CRM vertraut gemacht
- die gesammelten Begriffe können bei der Dateneingabe als vorgegebene Werte hergenommen werden, aus denen auszuwählen ist, um die im vorhergehenden Abschnitt definierten Metadatenklassen mit Inhalt zu füllen

Für die gesammelten Begriffe sollen im Laufe der Zeit sowohl Synonyme, als auch Beschreibungen erfasst werden. Es entsteht ein harmonisierter Thesaurus, basierend auf den Bedürfnissen der einzelnen Projektteile, geordnet nach den semantischen Kategorien des CIDOC CRM. Die Einbindung der gemeinsamen Begriffe in das Modell des CIDOC CRM geschieht über die in Abbildung 7 eingeführte Klasse *Typus*, zu der alle anderen Klassen die Beziehung *hat Typus* haben (siehe Abbildung 8). Ein *Informationsobjekt* kann also mit Hilfe einer Typuszuweisung näher bestimmt werden, beispielsweise als Archivalie, Plan, Foto, Interview oder Ausgrabungsbericht, je nachdem, welche Unterkategorie innerhalb des Projektes sinnvoll ist. Sollen beispielsweise *Forschungshandlungen* nach

Kategorien angezeigt werden, ist es notwendig, für die konkreten Forschungsaktivitäten einen entsprechenden *Typus* zu vergeben, dessen Bezeichnung zwischen den Disziplinen harmonisiert wurde. In Abbildung 10 sind die übergeordneten Kategorien des Thesaurus (links) mit dem Zweig *Forschungshandlung* (rechts) und dessen Unterkategorie *Messung* dargestellt.

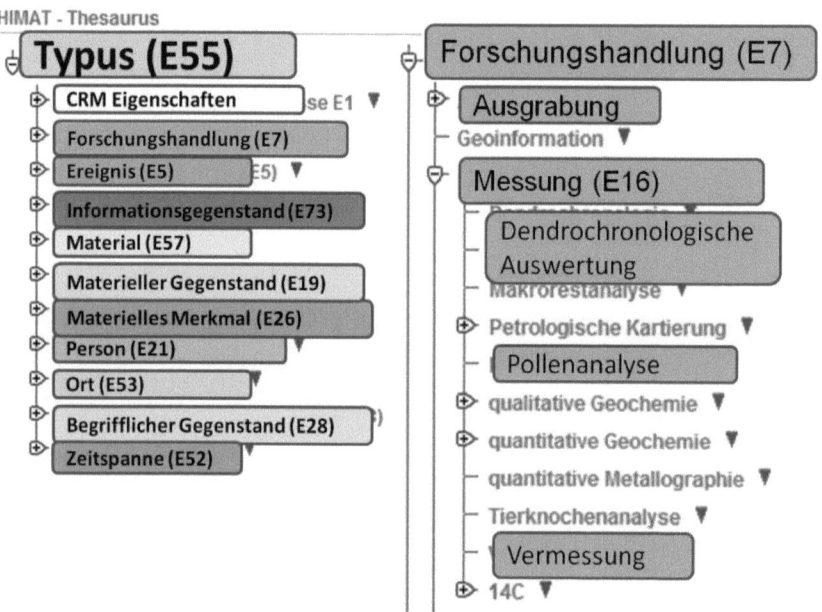

Abbildung 10: Übergeordnete Kategorien des Thesaurus (links) mit dem Zweig *Forschungshandlung* (rechts) und dessen Unterkategorie *Messung*

Der Aufbau des Thesaurus innerhalb der Klasse *Typus* ist eine Spezialisierung des CIDOC CRM für die Bedürfnisse des Projektes HiMAT. Der Thesaurus besteht derzeit aus ca. 700 Begriffen. Abbildung 11 zeigt eine schematische Darstellung des Umfanges der einzelnen Klassen und der Hierarchiestruktur, während in Anhang (Kapitel 8.2) die zehn obersten Kategorien mit ihren untergeordneten Begriffen angeführt sind. Die Erweiterung des Thesaurus während der laufenden Arbeiten des Projektes ist vorgesehen.

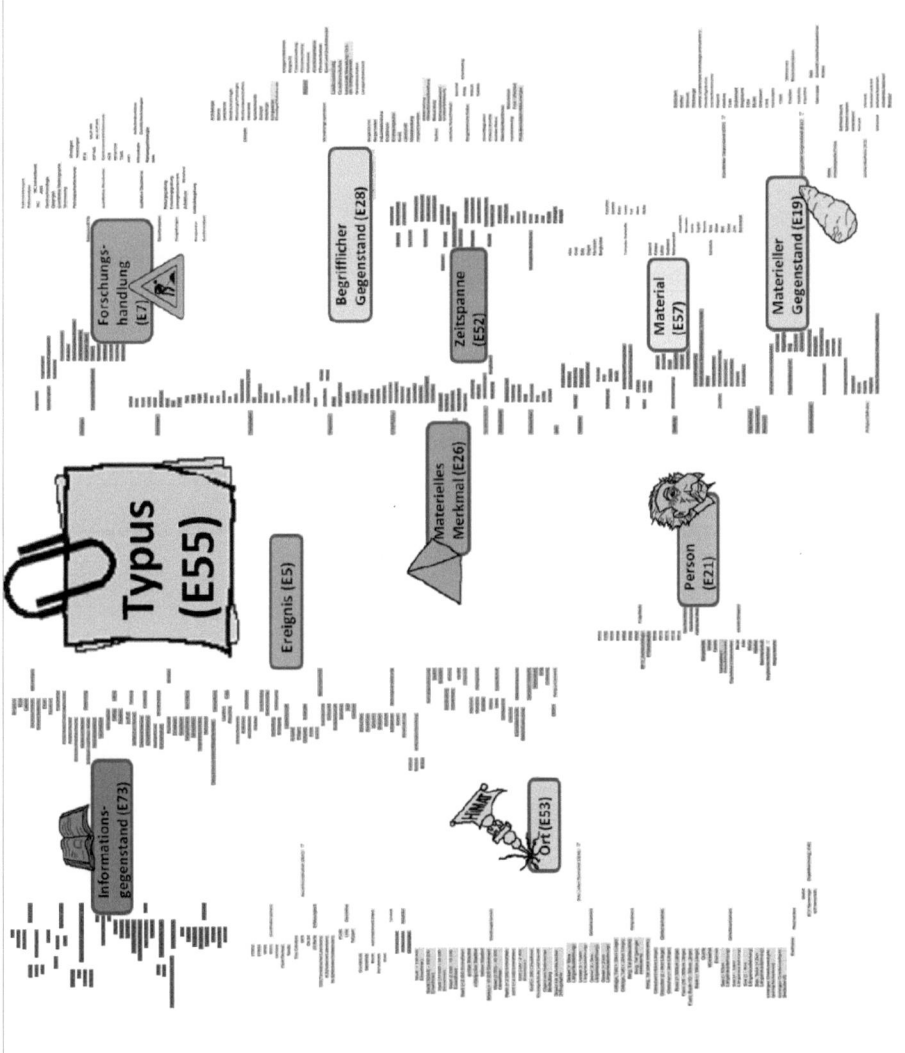

Abbildung 11: Schematische Darstellung des Umfanges der einzelnen Klassen und der Hierarchiestruktur des Thesaurus

4.4 Beispiel der Repräsentation eines archäologischen Ausgrabungsplatzes

Am Beispiel eines prähistorischen Aufbereitungsplatzes für Erze, der sich am Ausgrabungsplatz „Mauk F Schwarzenberg Moos" befindet und an dessen Erforschung mehrere Disziplinen mitgearbeitet haben, sollen Bedeutungen und Relationen von Klassen und ihren Instanzen sowie die Funktion der Klasse Typus veranschaulicht werden (Abbildung 12). Es zeigt wie das auf CIDOC CRM basierende Metadatensystem einen konkreten Forschungsverlauf mit seinen Ergebnissen abbildet. Das Beispiel ist auch als Test zu sehen, ob alle gewünschten Informationen mit den definierten Klassen beschrieben werden können.

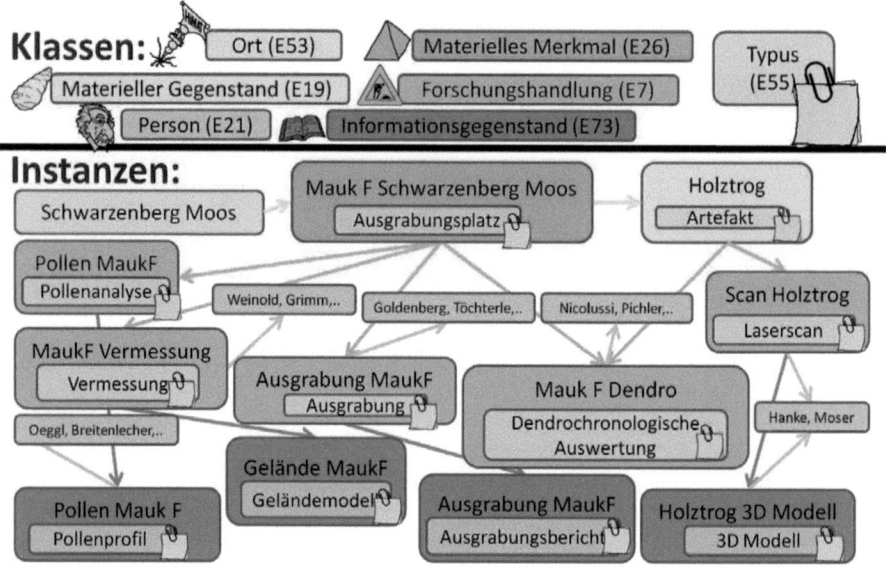

Abbildung 12: Beispiel der Repräsentation der Forschungen zum Ausgrabungsplatzes „Mauk F Schwarzenberg Moos" mit Hilfe von CIDOC CRM Klassen und den entsprechenden Instanzen

Die im oberen Teil der Abbildung befindlichen Felder beinhalten die im vorhergehenden Abschnitt beschriebenen Klassen, während die mit gleichen Farben gekennzeichneten Felder im unteren Teil der Abbildung, den für das konkrete Beispiel des Ausgrabungsplatzes, vorhandenen Instanzen entsprechen. *Klassen* werden im beschreibenden Text kursiv geschrieben. Eine Instanz ist die individuelle Manifestation einer Klasse in der konkreten Welt. Zum Beispiel Sokrates als Manifestation der Klasse *Person*. Dabei wird noch einmal zwischen dem Namen zur Identifikation und dem individuellen Objekt unterschieden. Das Objekt „Sokrates" als *Person* ist in der Welt nur einmal vorhanden (gewesen), kann aber unter mehreren Namen bekannt sein. Die in unserem Beispiel zur Identifikation angegebenen Eigennamen der Instanzen sind in der ersten Zeile der Instanzenfelder angeführt und im Text mit doppeltem Hochkomma („....") gekennzeichnet. Um innerhalb einer Klasse weitere Unterscheidungen einzuführen, kann der Instanz ein *Typus* zugeordnet sein, der im Text mit einfachem Hochkomma (‚...') markiert ist. Sokrates kann der *Typus* ‚Philosoph' zugeordnet werden, um ihn näher zu spezifizieren und um ihn bei einer Suche nach Philosophen zu finden. In der Abbildung 12 ist der *Typus* (falls vorhanden) in einem grau unterlegten Feld innerhalb des Instanzenfeldes unterhalb des Eigennamens angegeben.

Der Sachverhalt, dass sich an den durch Koordinaten festgelegten *Ort* des „Schwarzenberg Moos" ein Ausgrabungsplatz der Archäologen befindet, wird im CIDOC CRM durch zwei Klassen abgebildet. Es existiert eine Unterscheidung zwischen dem *Ort* „Schwarzenberg Moos" im Sinne geographischer Koordinaten und den an diesem Platz befindlichem *Materiellen Merkmal* „Mauk F Schwarzenberg Moos" dem der *Typus* ‚Ausgrabungsplatz' zugeordnet ist. Dies kann damit begründet werden, dass sich am selben *Ort* die Merkmale über die Zeit ändern können. Derselbe *Ort* kann über die Jahrhunderte Wald, Feld, See, Siedlung oder Begräbnisstätte gewesen sein. In unserem konkreten Beispiel: an der Stelle, wo vor ca. 3000 Jahren ein Aufbereitungsplatz für Erze war, gab es in den letzten Jahrhunderten ein Feld und heute befindet sich dort ein Ausgrabungsplatz, der am Ende der Grabungskampagne wieder zugeschüttet wird.

Im *Materiellen Merkmal* „Mauk F Schwarzenberg Moos" wurde ein *Materieller Gegenstand*, ein „Holztrog" vom *Typus* ‚Artefakt' gefunden. Der grundlegende Unterschied zwischen *Materiellem Merkmal* und *Materiellem Gegenstand* liegt darin, dass ein *Materielles Merkmal* fest in seine Umgebung eingebettet ist, während der *Materielle Gegenstand* ortsunabhängig existiert, also aus seiner momentanen Umgebung wegtransportiert werden kann.

Nach der Einführung dieser Instanzen können jene *Forschungshandlungen* als Instanzen eingeführt werden, die „Mauk F Schwarzenberg Moos" oder den „Holztrog" als Untersuchungsobjekte benutzen. Diese *Forschungshandlungen* sind in grün hinterlegten Feldern mit ihren Eigennamen „Pollen MaukF", „MaukF Vermessung", „Ausgrabung Mauk

F", „MaukF Dendro" und „Scan Holztrog" angegeben. Die zugeordneten Typusbezeichnungen (‚Pollenanalyse', ‚Vermessung', ‚Ausgrabung', ‚Dendrochronologische Auswertung' und ‚Laserscan' sind wieder in grau hinterlegten Feldern innerhalb der Instanzenfelder angeführt).

Die Durchführung der *Forschungshandlungen* führte zu bestimmten *Informationsgegeständen* (in rot gekennzeichnete Felder) wie beispielsweise einem Pollenprofil oder einem Geländemodell. Auch diese Objekte sind mit Eigennamen und ihren *Typusbezeichnungen* angegeben. Über die Differenzierung zwischen *Forschungshandlung* und dem daraus entstandenen *Informationsobjekt* wird es möglich auch widersprüchliche Informationen mit ihrer Entstehungsgeschichte zu einem Objekt zu dokumentieren. Beispielsweise unterschiedliche Datierungen, die aus einer Dendroanalyse, Kulturschichtbestimmung und C^{14} Analyse stammen. Diese Entstehungsgeschichte beinhaltet auch die konkreten *Personen* (in fleischfarben Feldern), die an den *Forschungshandlungen* beteiligt waren. Sie sind mit ihren Eigennamen angegeben und ermöglichen es Rückfragen zu den Forschungen zu stellen, die nicht mit den dokumentierten Informationsgegenständen beantwortet werden können.

5 Umsetzung

Dieses Kapitel beschäftigt sich mit der Umsetzung der in den vorangegangenen Kapiteln dargestellten Aufgabenstellung und der Implementierung der im methodischen Teil beschriebenen ontologischen Datenstruktur. Der Stand der Forschung, innerhalb der Archäologie und Kulturgutdokumentation, von Implementierungen objektrelationaler Geodatenbanksysteme, Web GIS, GIS Anwendungen und CIDOC CRM wird präsentiert. Anschließend ist die für den SFB HiMAT aufgebaute Systemarchitektur beschrieben. Sie besteht aus den drei Komponenten Geoinformationssystem, Content Management System und Datenbank.

Für die Verwendung von Geoinformationssystemen (GIS) innerhalb des SFB HiMAT führten wir erst eine Homogenisierung und Organisation von Geobasisdaten und ortsbezogenen Daten der Projektteile durch, bevor wir eine Infrastruktur zur Bereitstellung der Geodaten aufbauten. Der Einsatz von GIS innerhalb des SFB HiMAT wird mit Beispielen aus den einzelnen Bereichen illustriert

Das Content Management System (CMS) dient zur Speicherung digitaler Ressourcen und der Terminverwaltung. Es wurde in einer ersten Phase herangezogen, um einen Prototypen mit Benutzeroberfläche für die ontologisch strukturierte Metadateneingabe zur Verfügung zu stellen. Über das GIS ist es möglich, auf die Inhalte des Content Management Systems zuzugreifen.

Die Datenbank ist der zentrale Bestandteil des Gesamtsystems. Ihre Struktur zur Speicherung ontologischer und räumlicher Daten ist entscheidend für die möglichen Funktionalitäten. Der nächste Schritt nach dem Aufbau der Datenstruktur war die Überführung der ontologisch organisierten Metadaten aus dem Content Management System in die Datenbank. Der Aufbau einer web-basierten Benutzerschnittstelle zur Navigation und Dateneingabe stellt besondere Herausforderungen durch die ontologische Datenstruktur. Um diese Art der Daten in einem GIS zu nutzen, müssen sie speziell aufbereitet werden. Dies erfolgt über eine Baumansicht der Daten. Für das im methodischen Teil gebrachte Beispiel einer Ausgrabung wird die Funktionsweise der Implementierung auf der Mikroebene dargestellt.

Auf der Makroebene soll ein anderes Beispiel die auftretenden Herausforderungen und Potentiale zeigen. Für den Gesamtuntersuchungsraum des SFB HiMAT erzeugten wir eine Karte, die sämtliche Forschungen der letzten vier Jahre enthält und sie nach

Projektteilen gliedert. Es wird auf die Richtlinien für die Datenabbildung sowie die Methoden der Qualitätskontrolle eingegangen, bevor die Ergebnisse präsentiert werden. Ein entscheidendes Potential ist der Mehrwert ontologisch strukturierter Daten für weitere Auswertungen.

5.1 Stand der Forschung

In diesem Abschnitt wird der Stand der Forschung in Bezug auf räumliche und nicht räumliche Informationssysteme in der Kulturgutdokumentation dargestellt. Zuerst wird auf bestimmte Aspekte von Geoinformationssystemen und ihren Anwendungen in der Kulturgutdokumentation eingegangen. Anschließend werden Implementierungen des CIDOC CRM behandelt.

5.1.1 Objektrelationale Geodatenbanksysteme und Web GIS

Geoinformationssysteme dienen der Erfassung, Verwaltung, Analyse und Präsentation von räumlichen Daten. Für die Verwaltung der Daten, dass heißt für die Datenmodellierung und Speicherung, können objektrelationale Geodatenbanksysteme eingesetzt werden (BRIKHOFF 2008). Diese Daten stehen dann in Geoinformationssystemen für die Weiterverarbeitung zur Verfügung. Die Visualisierung der Daten kann auf die verschiedensten Arten erfolgen. Eine zeitgemäße Präsentationsart der Daten sind über das Internet abrufbare Karten, die einen gewissen Grad an Interaktivität erlauben (auch als Web GIS bezeichnet). Bekannte Vertreter von Web GIS Anwendungen sind Google Maps oder Google Earth.

Am Anfang der Entwicklung von Geoinformationssystemen wurden Daten in Form von einzelnen Dateien (filebasiert) in herstellerspezifischen Formaten abgespeichert. Mit der Zeit entwickelten sich Möglichkeiten, die Daten auch in Datenbanken abzuspeichern. Dafür wird ein räumliches Datenbankmodell benötigt wie beispielsweise die vom Open Geospatial Consortium (OGC) definierte „Simple Feature Specification" (OGC Inc 2006). Ein großer Vorteil der Speicherung in einer Datenbank liegt einerseits in den möglichen Verknüpfungen mit nichträumlichen Daten, die von Datenbanken als Funktionen zur Verfügung gestellt werden. Außerdem ermöglicht die Speicherung in offenen, standardisierten, nicht herstellerspezifischen Formaten den Zugriff von verschiedensten Softwarewerkzeugen, die, je nach Anforderungen, eingesetzt werden können. Das OGC (www.opengeospatial.org) spielt hier eine entscheidende Rolle in der Erarbeitung der

Standards, die dann in der Folge als ISO Standards definiert werden. Aktuell sind die am häufigsten verwendeten Datenbanken mit der Möglichkeit zur Speicherung räumlicher Objekte, die Datenbank oracle und die open source Datenbank PostGres/PostGIS (BRINKOFF 2008). Objektorientierte Datenmodelle ermöglichen, im Gegensatz zu relationalen, die Abbildung komplexerer Strukturen (EGENHOFER et al.1992). FRANK hat für räumliche Phänomene eine eigene Ontologie vorgeschlagen (FRANK 2005).

In der Geoinformation kommt der Präsentation der Daten im Internet eine immer höhere Bedeutung zu. Es existieren verschiedene Möglichkeiten ein Web GIS zu implementieren, von statischen Webseiten bis zu komplizierten Web GIS Anwendungen, die neben interaktiven Karten auch Möglichkeiten räumlicher Analysen bieten. Eine Geodateninfrastruktur, in der räumliche Daten oder Kartendienste über das Internet benutzt werden können, ist eine weitere Web GIS Anwendung, die oft in größeren Organisationen wie der öffentlichen Verwaltung eingesetzt wird. Charakteristisch für eine solche Technologie ist ein Server, der die Inhalte (Geodaten oder Karten) erzeugt oder zur Verfügung stellt, eine Software, die diese Daten in das Internet bringt (Internet Server) und eine Software die die Daten beim Endbenutzer (Client) anzeigt (KORDUAN et al. 2008). Gerade hier spielen Standards eine besondere Rolle, da sie erst das Zusammenspiel der einzelnen Komponenten ermöglichen. Für den Bereich der Geoinformation im Internet wurden vom OGC unter anderem die Standards der Web Mapping Services (OGC Inc 2004) für rasterbasierte Karten und Web Feature Services (OGC Inc 2005) für vektorbasierte Karten definiert. Sie gewinnen eine immer größere Bedeutung, da sie die Zusammenführung von Karteninhalten aus unterschiedlichen Organisationen und zu diversen Themen ermöglichen.

5.1.2 GIS Anwendungen innerhalb der Archäologie und Kulturgutdokumentation

GIS Anwendungen werden für verschiedene Aufgaben in archäologischen Projekten oder zur Präsentation von Kulturgut eingesetzt. Einerseits haben wir in der Archäologie sogenannte „Intrasite" Anwendungen, die sich auf räumliche Informationen innerhalb eines begrenzten räumlichen Kontextes (meist einer Ausgrabung) beschränken. Beispiele hierfür sind die Grabungsdokumentation (SCHAICH 2002) oder virtuelle Forschungsumgebungen, um heterogene Daten einer archäologischen Stätte zu verwalten und in ihrem räumlichen Kontext darzustellen (MAYER 2007). Gerade in der Grabungsdokumentation haben die für rechnergestützte Konstruktion entwickelten Computer Aided Design (CAD) Programme einen hohen Anteil.

Andererseits gibt es Systeme, die es zum Ziel haben, einen Überblick über größere Gebiete zu ermöglichen und Informationen über deren archäologische Stätten mit ihren räumlichen Zusammenhängen zu bieten, die für den Forscher oder Benutzer von Interesse sind. Hier wird vornehmlich GIS eingesetzt wie auch bei HiMAT. Weitere Beispiele aus diesem Bereich sind ein Kulturhistorisches Informationssystem für den westlichen Himalya (SCHOBESBERGER 2008) oder ein System zur Erforschung verschiedener Hypothesen zur Besiedelung in Deutschland (BAUMEIER et al. 2008). Digitale Atlanten wie der Digitale Archäologische Atlas von Kreta (SARRIS et al. 2008), sind weitere gute Beispiele für den Einsatz von GIS und Web GIS Technologien im Kulturgutmanagement. Die beschriebenen Systeme verwenden sowohl kommerzielle Software wie ESRI (www.esri.com) oder Open Source Produkten wie den UMN Mapserver (http://mapserver.org/).

5.1.3 CIDOC Conceptual Reference Model (CRM) Implementierungen

Das vom „Internationalen Ausschuss für Dokumentation" (CIDOC) des „Internationalen Museumsrates" (ICOM, International Council of Museums) entwickelte CIDOC Conceptual Reference Model (CIDOC CRM) wurde in den letzten Jahren in einigen Forschungsprojekten in unterschiedlichem Umfang und mit den verschiedensten Technologien implementiert. Die Spezifikation des CIDOC CRM gibt nicht vor wie es zu implementieren ist, sondern stellt lediglich ein Datenmodell dar. Die Beispiele sollen die Bandbreite der Möglichkeiten zeigen.

Formale Ontologien können mit Technologien des semantischen Webs umgesetzt werden, wobei für das CIDOC CRM die Spezifikation des Resource Description Framework (RDF) eine grundlegende Rolle spielt. Bei RDF handelt es sich um eine Struktur zur Codierung von Daten, die in dem Format Subjekt, Prädikat, Objekt gespeichert werden. Diese Form von drei zusammenhängenden Informationen wird als „triple" bezeichnet und es existieren eigene Datenbanken, die zur Speicherung solcher triples dienen, sogenannte Triplestores.

Das CIDOC CRM ist in RDF formal definiert und Informationen, die auf Basis des CIDOC CRM gespeichert werden sollen, können in den oben erwähnten triples codiert und in Triplestores gespeichert werden. Eine Weiterentwicklung des RDF Formates speziell für die Spezifikation von Ontologien, ist die sogenannte Web Ontology Language (OWL). Auch das OWL Format kann in einem Triplestore gespeichert werden (FENSEL 2004). Beispiele von Implementierungen finden sich in England, Deutschland und Norwegen. English Heritage verwendet seine CIDOC CRM Erweiterung (CROFTS et al. 2004) um die Datenbestände verschiedener Ausgrabungskampagnen zusammenzuführen. In einem ersten Schritt wurden die Daten in das gemeinsame Datenmodell übergeführt und in einem Triplestore als RDF triples gespeichert. Aktuell werden Softwaretools erarbeitet für die Auswertung der Daten und um die Daten im Web durch Services zur Verfügung zu stellen (MAY et al. 2010b).

An der Universität Köln werden mit Hilfe des CIDOC CRM die Inhalte der Datenbank ARACHNE (Deutsches Archäologisches Institut und Archäologisches Institut der Universität zu Köln) mit den Inhalten der in den Vereinigten Staaten entwickelten Datenbank PERSEUS verknüpft. Dabei wird ebenfalls ein Triplestore zur Datenspeicherung eingesetzt und es wird an Methoden und Tools der Datenintegration und Datenauswertung gearbeitet (KUMMER 2010).

An der Universität Erlangen-Nürnberg wurde eine OWL Repräsentation des CIDOC CRM entwickelt (GÖRTZ et al. 2008). Dieses Format wird in einem gemeinschaftlichen Forschungsprojekt der Universität Erlangen-Nürnberg, des Forschungsmuseums König und des Germanischen Nationalmuseums zum Aufbau einer wissenschaftlichen Kommunikationsstruktur eingesetzt (http://wiss-ki.eu/). Hier wird ein Content Management System in Zusammenhang mit einem Triplestore genutzt und adaptiert um ein Userinterface zur Dateneingabe und semantischen Anreicherung von Texten zu schaffen und die Daten zu speichern (KRAUSE et al. 2009).

5.1.4 CIDOC CRM Implementierungen mit räumlichen Daten

Der Einsatz von Ontologien in Kombination mit GIS befindet sich in der Kulturgutdokumentation in der Entwicklungsphase. Die in 5.1.3 angeführten Ansätze speichern ihre Daten in Triplestores, die es im Moment nicht ermöglichen, räumliche Daten in einer Form abzuspeichern, so dass von Geoinformationssystemen darauf zugegriffen werden kann. Um Geodaten mit Ontologien zu verwenden, müssen zumindest die Geodaten in einer relationalen Datenbank gehalten werden. Es besteht die Möglichkeit, Ontologien ebenfalls in einer relationalen Datenbank zu implementieren, um damit den gesamten Datenbestand in einem System zu haben. Da relationale

Datenbanken aber nicht für ontologische Datenmodelle gemacht wurden, stellen solche Implementierungen besondere Herausforderungen dar.

Dieser Ansatz wurde von der Abteilung für digitale Dokumentation an der Universität Oslo gewählt. Sie arbeitet mit einer relationalen Datenbank, die räumliche Objekte beinhaltet und auf CIDOC CRM Basis aufgebaut ist. Hier geht es um eine Zusammenführung der Datenbestände der norwegischen Universitätsmuseen (HOLMEN et al. 2008). Durch die verwendete Technologie können die Daten mit Hilfe von Geoinformationssystemen verarbeitet werden.

An der Universität Bochum wird ein IT-System entwickelt, das die Zusammenführung unterschiedlicher archäologischer Datenbanken ermöglichen soll (MISCHKE 2009). Durch die Verknüpfung von relationaler Datenbank, Content Management System, GIS und Triplestore entsteht ein System, das mit Hilfe eines sehr gut ausgearbeiteten Thesaurus, die Integration bisher unabhängiger Datenbestände ermöglichen soll und sie auch für GIS Analysen nutzbar macht (LANG 2009).

5.2 Implementierung und Systemarchitektur (am Beispiel des SFB HiMAT)

Für den SFB HiMAT wurde ausgehend von der in Kapitel 4 präsentierten Methodik und der in Kapitel 2.2.3 beschriebenen Aufgabenstellung eine Umsetzung realisiert. Die präsentierte Implementierung und Systemarchitektur ist exemplarisch für Aufgabenstellungen innerhalb der Archäologie und Kulturgutdokumentation zu sehen und kann für andere Projekte und Institutionen dieses Bereiches übernommen werden.

Ein entscheidender Teil der Systemarchitektur ist ein Geoinformationssystem, das der Anforderung an eine räumliche Datenintegration aus allen Projektteilen gerecht wird. Hierfür ist es notwendig, Geobasisdaten zu erheben und sie so aufzubereiten, dass sie mit den Daten der Projektteile überlagert werden können. Als Benutzerschnittstelle sollen diese Daten sowohl in einem Desktop GIS, als auch in einem Web GIS zur Verfügung stehen. In Kapitel 5.3 wird die gewählte Vorgehensweise und GIS Architektur beschrieben. Zentrale Komponente ist eine Geodatenbank, die eine gemeinsame räumliche Datenbasis enthält. Diese Architektur dient als Basis zur Kartenproduktion, für Web GIS Schnittstellen, 3D Visualisierungen, Mobile GIS Anwendungen und räumliche Analysen.

Der zweite Baustein dieser Implementierung ist ein Content Management System (CMS), das mehrere Funktionalitäten innerhalb des Projektes erfüllt. Es dient einerseits zur Speicherung von digitalen Ressourcen wie beispielsweise Adobe PDFs, digitaler Texte oder Bilder und andererseits wird auf organisatorischer Ebene die Kalenderfunktionalität des CMS genutzt, um einen Gesamtkalender der HiMAT Aktivitäten zu erstellen. Die Personenverwaltung des CMS wird für die Zugriffsrechte auf die digitalen Ressourcen verwendet und bietet die Möglichkeit, im HiMAT Kalender den Aktivitäten einzelne Personen zuzuordnen. Wir implementierten sowohl GIS als auch CMS in der Anfangsphase von HiMAT mit Hilfe von kommerziellen an der Universität vorhandenen Softwareprodukten um Entwicklungsaufwand, Anschaffungs- und Wartungskosten möglichst gering zu halten. Durch diese Strategie stellten wir diese Systeme nach 3-6 Monaten zur Verfügung. Parallel dazu wurde der in Kapitel 4 beschriebene Prozess durchgeführt, der über eine Bestimmung der Definition der gemeinsamen Informationen zu einer Auswahl von CIDOC CRM Klassen und zu einem Thesaurus führte. Basierend auf diesen Klassen und dem Thesaurus entwickelten wir für das CMS eine Benutzerschnittstelle um die Eingabe von CIDOC CRM strukturierten Daten zu ermöglichen. Dieser Prototyp mit CIDOC CRM basierten Daten lieferte die für eine Datenbankentwicklung notwendige Datenbasis.

Kernstück der Implementierung ist die Datenbank. Innerhalb des GIS wird für räumliche Daten bereits eine Datenbank eingesetzt. Wir erweiterten diese Datenbank, um auch ontologisch strukturierte Daten zu speichern. Abbildung 13 stellt symbolisch die drei Komponenten der Systemarchitektur dar.

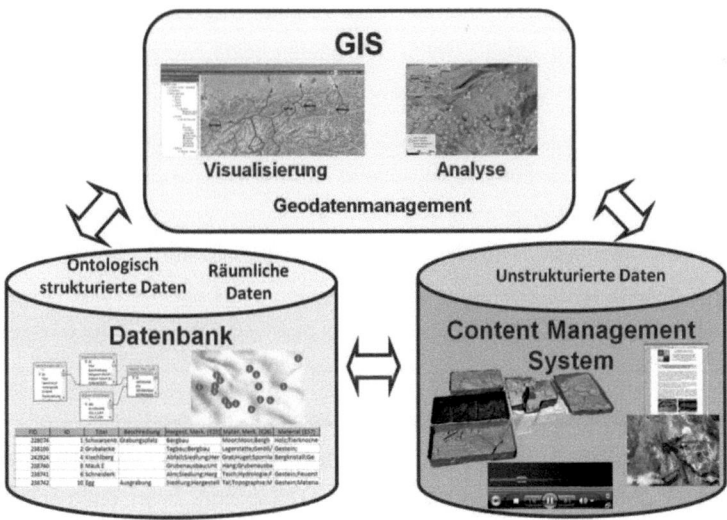

Abbildung 13: Symbolische Systemarchitektur

Nach dem Aufbau der Datenbankstruktur transferierten wir die im CMS eingegebenen Daten um die Datenbankstruktur zu testen. Die Entwicklung einer Benutzeroberfläche zur Navigation innerhalb des Datennetzes und zur direkten Eingabe in die Datenbank war der nächste Schritt der Entwicklung. Für die Auswertung der Daten in Berichten und vor allem mit ihrer räumlichen Komponente innerhalb des GIS wurden Methoden zu entwickeln wie auf die in einem Netzwerk organisierten Daten zugegriffen werden kann. Der hier entwickelte Lösungsansatz, das Netzwerk in einer Baumstruktur abzubilden, ermöglicht innerhalb des GIS die Darstellung aller mit einem Ort verknüpften Informationen, selbst wenn diese Verknüpfung nur indirekt, über nicht-räumliche Objekte erfolgt ist.

5.3 Geoinformationssystem (GIS)

Geoinformationssysteme gliedern sich einerseits in die Software, die GIS Funktionalitäten wie die Visualisierung oder Analyse räumlicher Daten zur Verfügung stellen und andererseits in die räumlichen Daten selbst. Das für diese Implementierung erstellte GIS besteht auf der Datenseite aus Geobasisdaten und den Daten der Projektteile. Softwaretechnisch lässt sich zwischen einem Desktop GIS, das auf einem Arbeitsplatz installiert wird und über umfangreiche GIS Funktionalitäten verfügen kann und einem über das Internet zugänglichen Web GIS unterscheiden. Web GIS beschränken sich meist auf die Visualisierung räumlicher Daten und dahinter liegender Informationen, während Desktop GIS zusätzlich für räumliche Analysen oder die Kartenproduktion verwendet werden oder auch zur Darstellung von 3D Daten. Wir bauten beide Systeme auf um die Implementierung für alle Nutzungsszenarien flexibel zu halten.

Der erste Schritt im Aufbau eines GIS besteht in der Aufbereitung der Geobasisdaten und der ortsbezogenen Daten der Projektteile. Anschließend muss eine Infrastruktur aufgebaut werden, die mittels Desktop GIS oder Web GIS auf diese Daten zugreifen kann. Eine serviceorientierte Dateninfrastruktur, versorgt sowohl Web GIS, als auch Desktop GIS über das Internet mit rasterbasierten Daten und über eine Geodatenbank mit Vektordaten. Diese Geodatenbank beinhaltet eine gemeinsame Datenbasis, der besondere Bedeutung zukommt, wenn mehrere Projektteile in einem Gebiet arbeiten.

Eine wichtige GIS Anwendung ist die analoge oder digitale Kartenproduktion. Karten werden in vielen Disziplinen benötigt und bilden einen ihrer ersten Berührungspunkte mit GIS. Für die Darstellung der Vernetzung zwischen den Disziplinen, unter anderem in Publikationen, kommt der Karte eine besondere Bedeutung zu. Die Weiterentwicklung von analogen oder statischen digitalen Karten sind interaktive Karten. Über ein Web GIS, das auf der bestehenden Infrastruktur aufbaut, werden Anwendungen im Internet zur Visualisierung und Dateneingabe räumliche Objekte erstellt. Mobile GIS ist die Anwendung von GIS auf mobilen Endgeräten, die im Gelände benutzt werden können. Der Einsatz von Web GIS, Mobile GIS und GPS-Datenerfassung für Prospektionen soll eine Anwendung dieser Technologien in HiMAT zeigen. Eine weitere wichtige Funktionalität von GIS sind räumliche Analysen. 3D Darstellungen von hochauflösenden Geländemodellen oder von Ergebnissen der Grabungsdokumentation mit Laserscannern sind weitere Möglichkeiten eines Desktop GIS. Die Darstellung der räumlichen Daten in Google Earth kann für verschiedene Zwecke genutzt werden, zum Beispiel der einfachen Verbreitung von Forschungsergebnissen auf einer Plattform, die allgemein bekannt und uneingeschränkt nutzbar ist.

5.3.1 Homogenisierung und Organisation von Geobasisdaten und ortsbezogenen Daten der Projektteile

Die Homogenisierung und Organisation von Geobasisdaten ist die Grundlage für die Darstellung und Analyse der Datenbestände der einzelnen Projektteile in ihrer räumlichen Umgebung. Um die Orientierung zu ermöglichen und natürliche Gegebenheiten im Sinne der physischen Erdoberfläche darzustellen, werden Geobasisdaten wie Orthofotos, Digitale Höhenmodelle oder die Österreichische Karte (1:50000 bis 1:500000) als Hintergrundinformation verwendet. Sie sind wichtige Informationsquellen, wenn raumbezogene Daten eingegeben oder verarbeitet werden (Abbildung 14). In den Einzeldisziplinen vorhandene ortsbezogene Daten müssen homogenisiert werden um, sie gemeinsam darstellen zu können und die Überlagerung mit den Geobasisdaten zu ermöglichen. Eine besondere Problematik ist dabei die Verwendung unterschiedlicher Koordinatensysteme. Andere Herausforderungen sind unterschiedliche Genauigkeiten und Datenquellen für die geographischen Informationen. Es geht hier noch nicht um eine thematische Homogenisierung, sondern um eine rein geometrische. Abbildung 15 ist ein Beispiel von projektspezifischen Daten mit ihrer Darstellung im Web GIS. Kartenhintergrund ist das SRTM (Shuttle Radar Topography Mission) Höhenmodell mit einer Auflösung von 90m mit einer Farbcodierung für die Höhenlage und einer Schattierung für die Verdeutlichung der Reliefdarstellung. Überlagert sind Daten der archäologischen Projektteile dargestellt. Dabei handelt es sich um Fundplätze, gegliedert nach ausgewählten Kategorien wie beispielsweise Siedlungen, Gräberfelder oder

Heiligtümer. Die einzelnen Kategorien sind durch unterschiedliche Symbole dargestellt, während die Datierungen (Eisenzeit und Spätbronzezeit) durch die Farben Rot und Orange gekennzeichnet werden. Desweiteren sind Daten von Mineralogen mit gelben Punkten dargestellt. Bei ihnen handelt es sich um Kupfer- oder Fahlerzvorkommen.

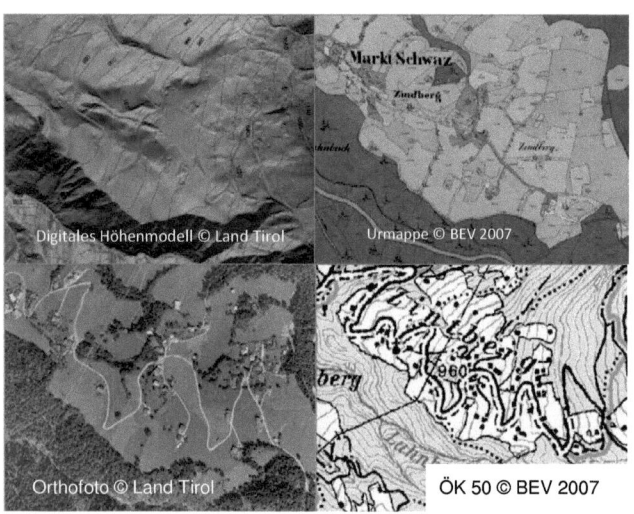

Abbildung 14: Geobasisdaten: Digitales Höhenmodell, historische Karte, Orthofoto und Österreichische Karte ÖK 50 für den Bereich „Zintberg" bei Schwaz

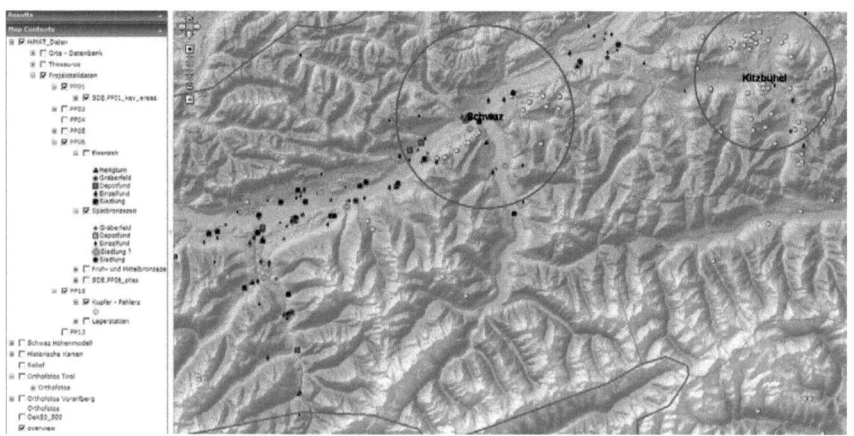

Abbildung 15: Räumliche Daten einzelner Projektteile (Archäologie, Mineralogie)

5.3.2 Infrastruktur zur Bereitstellung der Geodaten

Grundsätzlich lassen sich Geodaten in pixelbasierte Rasterdaten und über Koordinatenpaare definierte Vektordaten unterscheiden. Für diese beiden Datenarten wählten wir unterschiedliche Speicher- und Bereitstellungsarten. Vektordaten werden in einer relationalen Datenbank mit der Option zur Speicherung räumlicher Basisobjekte (Punkt, Linie, Polygon) gespeichert. Durch eine Verbindung zu dieser Datenbank, die auch über das Internet erfolgen kann, wird von einem beliebigen GIS der Zugang zu den Vektordaten hergestellt. Auf die Vektordaten kann auch in Form von WFS Services zugegriffen werden. Die Speicherung der Rasterdaten erfolgt filebasiert und es wurden Services eingerichtet, die diese Daten für ein GIS bereitstellen. Für Arc GIS stehen ESRI-spezifische Services zur Verfügung, während alternative Systeme auf die gleichen Daten im standardisierten WMS Service Format zugreifen können. Für diese Services erzeugten wir einen sogenannten „Cache" in verschiedenen Maßstäben, um die Performance des Systems mit akzeptablen Rückmeldungszeiten, vor allem im Internet, zu gewährleisten. Dies ist dieselbe Technologie, die Google Maps oder Bing Maps einsetzen. Die Daten werden für bestimmte Maßstäbe vorberechnet und in Bildkacheln mit definierten Pixelabmessungen („Caches") schon im jeweiligen Datenausgabeformat abgespeichert. Dies ermöglicht es die Rechenzeit, bei einer Kartenanfrage an den Server, zu minimieren. Datenbank wie auch Rasterservices können sowohl von einem Desktop GIS als auch von einem Web GIS Server benutzt werden. Abbildung 16 illustriert die Komponenten der GIS Architektur mit ihren Schnittstellen.

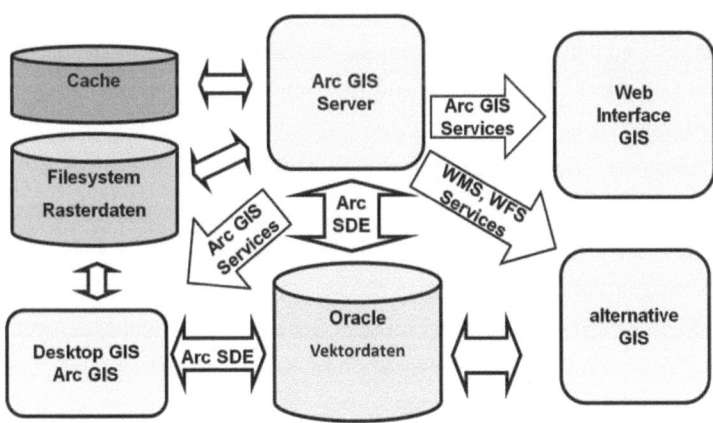

Abbildung 16: GIS Architektur

5.3.3 Geodatenbank - Datenbasis

Für die Speicherung der Vektordaten in einer relationalen Datenbank ist ein nach außen definiertes und offenes System mit standardisierten Schnittstellen zu bevorzugen. Das ermöglicht die Verarbeitung (Eingabe, Ausgabe, Analyse und Visualisierung) der Daten durch unterschiedliche Informationssysteme. Die Entscheidung wurde zugunsten einer Datenbank mit der Möglichkeit zur Speicherung räumlicher Objekt getroffen, in unserem Fall Oracle Spatial (BRINKHOFF 2008). Die Daten liegen offen in der Datenbank und können von unterschiedlichen Softwareprodukten verarbeitet werden. In der Geodatenbank sind einerseits die räumlichen Daten der einzelnen Projektteile und andererseits die gemeinsamen räumlichen Daten des Gesamtprojektes gespeichert. Eine Verwaltung von gemeinsamen räumlichen Objekte ist notwendig, damit nicht dasselbe räumliche Objekt von verschiedenen Projektteilen mehrmals angelegt wird, möglicherweise mit unterschiedlichen Koordinaten oder voneinander abweichenden Namen. Als erster Schritt zu einer gemeinsamen Verwaltung wurde eine räumliche Datenbasis angelegt, die einen Grundstock an räumlichen Objekten zur Verfügung stellt. Sie gliedert sich in Punkt-, Linien- und Polygonobjekte. Die Punktinformationen bestehen zu einem Teil aus dem digitalen Landschaftsmodell „Namen" des österreichischen Bundesamtes für Eich- und Vermessungswesen (BEV), das alle Ortsbezeichnungen (Siedlungsnamen, Gewässernamen, Bergnamen, Gebietsnamen und Gletschernamen) der Österreichischen Basiskarte 1:50000 (ÖK 50) enthält und zusätzlich die sogenannten Riednamen. Eine weitere Quelle von Punktinformationen sind die von der geologischen Bundesanstalt verorteten mineralogischen Lagerstätten. Der dritte Teil der gemeinsamen Punktdatenbasis kommt schon von einem der Projektteile selbst. Projektteil „Onomastik" besitzt eine Datenbank, die die Toponyme bestimmter Tiroler Gemeinden enthält. Diese Information über lokale Ortsbenennungen wurde mit den Kategorien des digitalen Landschaftsmodells „Namen" des BEV ebenfalls in die gemeinsame Datenbasis aufgenommen. Von Projektteil „Onomastik" wurde auch eine historische Karte (PIRKL 1955-58) digitalisiert, die Stollennamen im Raum Schwaz enthält. Die Verortung dieser Stollennamen ging ebenfalls in die Datenbasis für Punkte ein. In Abbildung 17 ist im oberen Bild ein Ausschnitt der ÖK 50 im Raum Schwaz mit den vorhandenen Ortsnamen dargestellt. Das untere Bild zeigt für denselben Ausschnitt wie sich die Datenbasis um die aufgenommenen Ortsnamen erweitert hat.

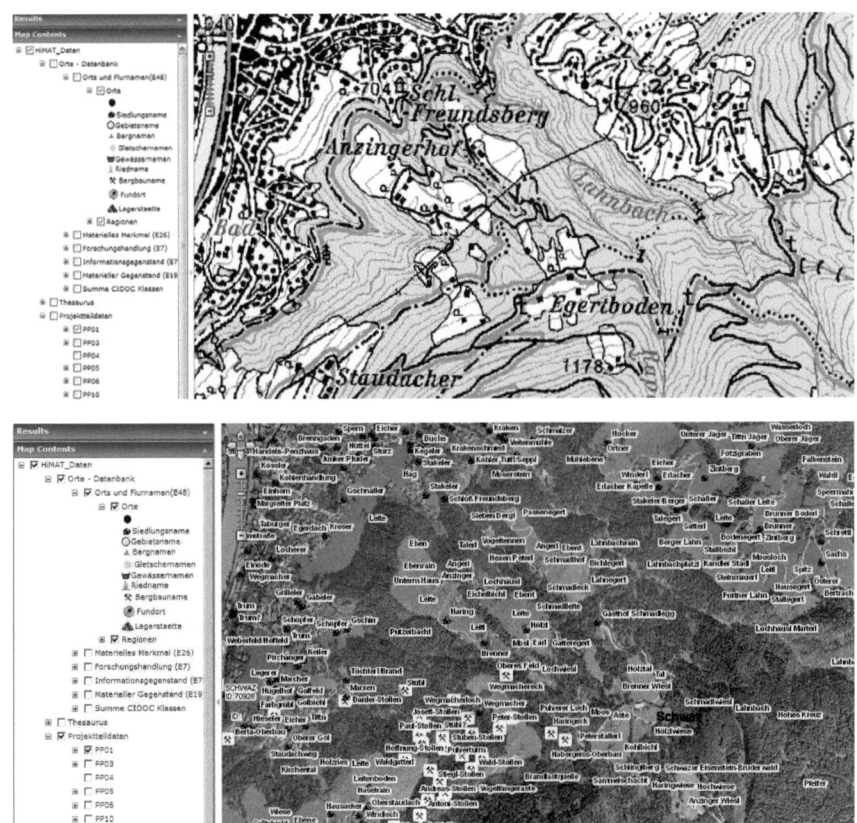

Abbildung 17: Erweiterte Datenbasis für Punkte

Als Polygoninformationen wurden die, von den Ländern zur Verfügung gestellten, Gemeindegrenzen aufgenommen sowie die aus der digitalen Katastralmappe bekannten Grundstücksgrenzen (Abbildung 18).

Die gemeinsame Geoobjektverwaltung hat folgendes Prinzip: bevor ein neues Geoobjekt in der gemeinsamen Datenbasis angelegt wird, muss über das Web GIS oder anhand einer Liste aus der Datenbank geprüft werden, ob dieses Objekt bereits existiert. Wurde das Objekt schon angelegt, muss auf dieses verwiesen werden. Nur, falls es noch nicht vorhanden ist, darf es angelegt werden. Dies gilt für Punkt-, Linien- und Polygoninformationen, da diese getrennt verwaltet werden. Diese Dreiteilung von vektorbasierten geometrischen Objekten findet sich in den GIS-Spezifikationen des Open Geospatial Consortiums (OGC).

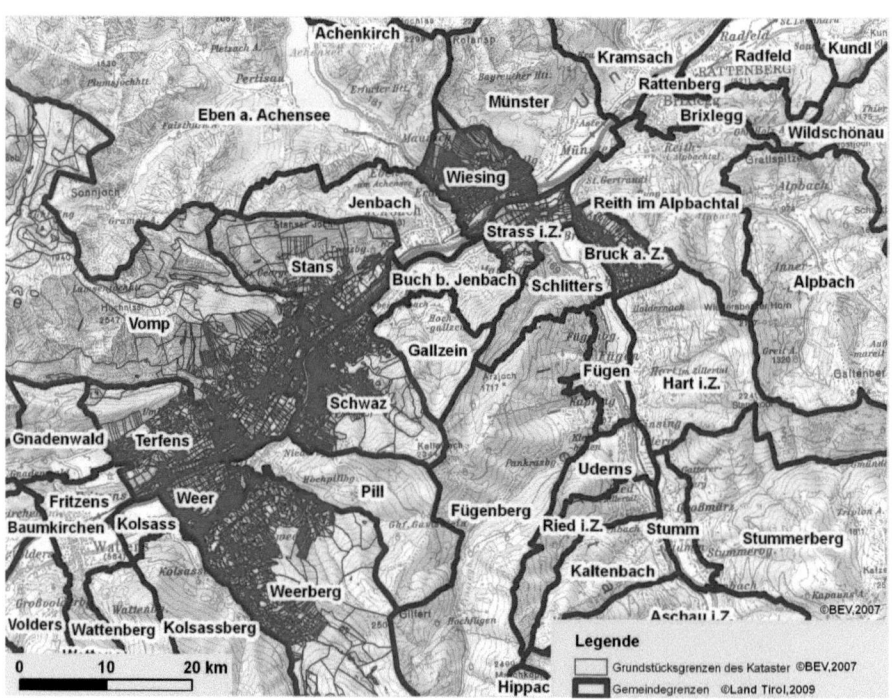

Abbildung 18: Datenbasis für Polygone bestehend aus Gemeindegrenzen und für ausgewählte Gemeinden aus den Grundstücksgrenzen der digitalen Katastralmappe

5.3.4 Kartenproduktion

Eine unserer wichtigsten GIS Anwendungen ist die Produktion von thematischen Karten. Solche Karten finden analog oder digital, vor allem in Publikationen Verwendung oder auch im Internet, als statische digitale Karte. Der große Vorteil bei der Verwendung von GIS zur Kartenproduktion, liegt in der Flexibilität der Darstellungsmöglichkeiten. Sind die Daten mir ihren geographischen Koordinaten einmal erfasst, können sie über verschiedensten Hintergrundinformationen wie Orthofotos, topographischen Karten, historischen Karten oder digitalen Geländemodellen dargestellt werden. Jeder gewünschte Maßstab oder Ausschnitt ist möglich, ohne dass die darzustellenden Daten nochmals manuell bearbeitet werden müssen.

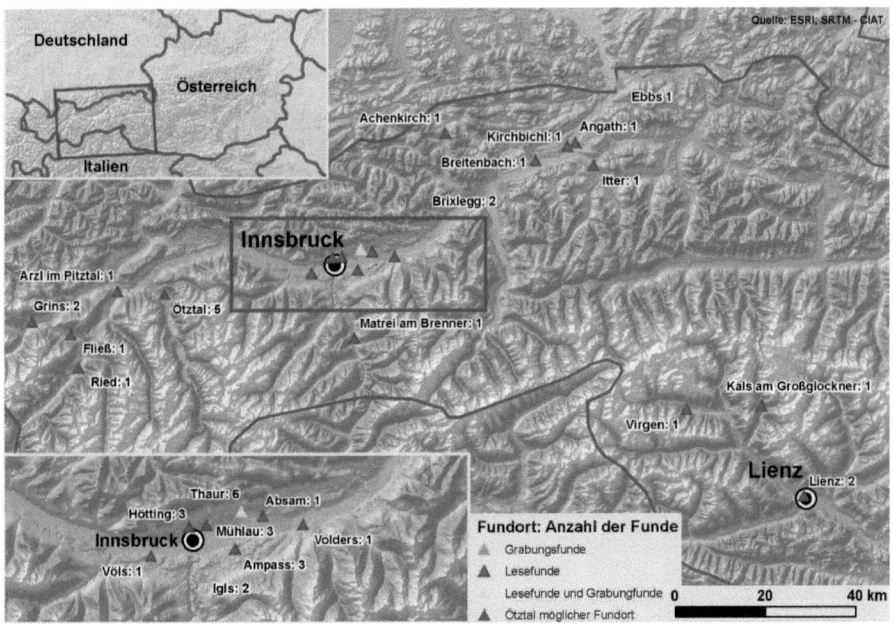

Abbildung 19: Beispiel einer Karte für die Zeitschrift Archäologie Österreich in der Fundstellenverteilungen dargestellt werden.

Soll nur eine Teilmenge dargestellt werden, beispielsweise nur die Fundplätze der Artefakte einer bestimmten Periode, einer bestimmten Art oder aus einem bestimmten Material, so ist dies durch Änderungen der Anzeigekriterien einfach möglich und erhöht so die Produktivität der Kartenherstellung. Auch sind beliebige Kombinationen von Daten darstellbar wie Artefaktverteilungen mit Erzlagerstätten oder Erzlagerstätten mit

Flurnamen, je nach der gewünschten Information oder Aussage, die mit der Karte transportiert werden soll. Die Verwendbarkeit bestehender geographischer Informationen in unterschiedlichen Produkten und ihre beliebige Kombination ermöglicht eine sehr effiziente Kartenproduktion. Abbildung 19 ist das Beispiel einer Karte, die im Zuge des Projektes HiMAT für die Zeitschrift Archäologie Österreich produziert wurde. Sie zeigt Fundverteilungen steinzeitlicher Beile in Tirol. Die Karte demonstriert gut die Möglichkeiten innerhalb des GIS für die Verwendung derselben geographischen Informationen in der Produktion von Übersichten und Detailansichten. Karten werden auch in der Planung eingesetzt wie in diesem zweiten Beispiel in Abbildung 20. Durch eine Koordinatenaufnahme mit Hilfe von GPS wurden die Grunddaten für einen Lehrpfad im Montafon erhoben. Die erstellte Karte dient dann für die tatsächliche Umsetzung des Lehrpfades in der Natur. Als Nebenprodukt der Kartenproduktion wurden die notwendigen Rodungsflächen entlang des Weges und auf dem geplanten Spielplatz berechnet.

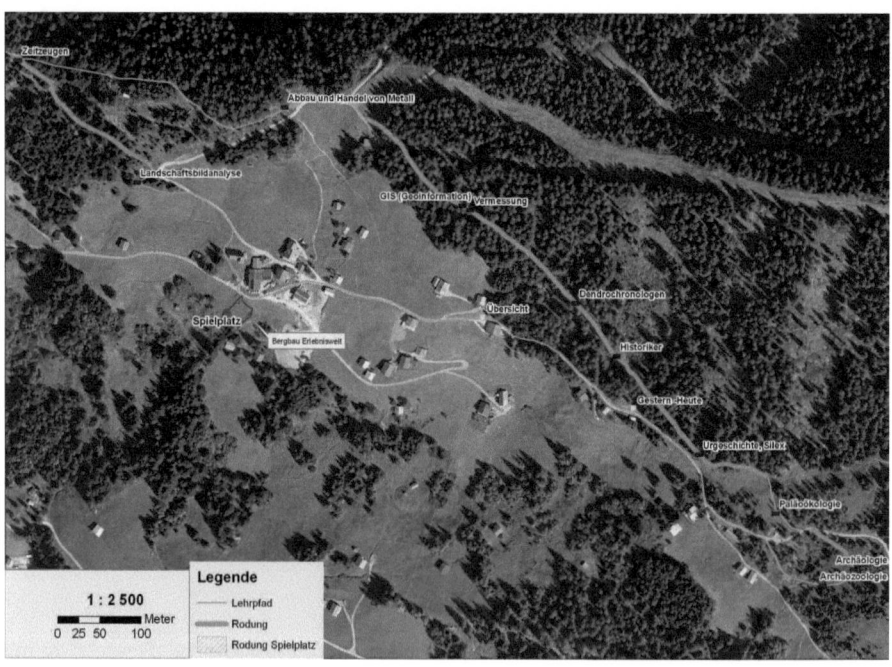

Abbildung 20: Beispiel einer Karte für die Konstruktion eines Lehrpfades im Montafon

5.3.5 Web GIS

Unser nächster Schritt in der Kartenproduktion war der Übergang von statischen zu interaktiven digitalen Karten. Hier besteht die Möglichkeit, je nach gewünschtem Ausschnitt und Maßstab, die Darstellung direkt am Computer individuell zu verändern. Unsere Benutzer können die dargestellten Inhalte an ihr spezifisches Interesse anpassen. Während im vorhergehenden Abschnitt 5.3.4 von einem Autor für ein breites Publikum eine spezielle Karte erzeugt wurde, können hier unsere Benutzer individuell nach ihren besonderen Bedürfnissen eine spezielle Karte generieren. Der Funktionsumfang der interaktiven Karte beinhaltet Suchfunktionen und die Abfrage oder Eingabe räumlicher Objekte. Diese interaktive digitale Karte ist über das Internet verfügbar, daher spricht man von einem Web GIS. Für HiMAT wurde ein spezielles Web GIS entwickelt, das in der aktuellen Version allen Mitarbeitern von HiMAT zur Verfügung steht. In Zukunft ist eine Erweiterung des Benutzerkreises angedacht, mit den für die Öffentlichkeit freigegebenen Daten. Die räumlich und thematisch verknüpften Daten sind je nach Fragestellung, in verschiedenen Ebenen visualisierbar. Die Integration der Daten in ihrem räumlichen Zusammenhang macht das Web GIS innerhalb des SFB Himat zu einer Forschungs- und Präsentationsplattform. Die Bedienungsoberfläche unseres Web GIS ist so einfach wie möglich gestaltet, um diese interaktiven Karten allen Projektteilnehmern, unabhängig von ihrer EDV Vorbildung, zur Verfügung zu stellen. In Abbildung 21 zeigt die Web GIS Oberfläche mit einer Kombination aus archäologischen und mineralogischen Daten.

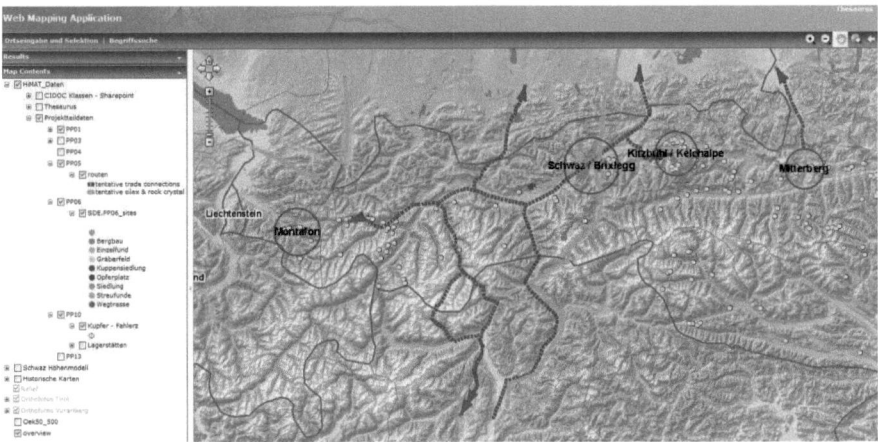

Abbildung 21: Web GIS Interface mit einer Darstellung archäologischer Fundstellen, hypothetischer steinzeitlicher Handelsrouten und Kupfer- oder Fahlerzvorkommen

5.3.6 Ortseingabe über Web GIS

Für die in Abschnitt 5.3.3 beschriebene gemeinsame Datenbasis ist die Ortseingabe über das Web GIS eine entscheidende Funktionalität. Nur über ein GIS Interface kann sichergestellt werden, dass an der Lokalität wo man einen neuen Ort eingeben möchte, dieser Ort, möglicherweise unter einem anderen Namen, noch nicht existiert. Das Web GIS ermöglicht auch die Kontrolle der näheren Umgebung auf möglicherweise mit abweichenden Koordinaten eingegebene Orte. In Abbildung 22 ist die Eingabe des Ortes „Schwarzenberg Moos (Mauk F)" als Fundort dargestellt und zeigt die Problematik. Rechts des neu geschaffenen Fundortes sind die in diesem Bereich bereits in der Datenbasis vorhandenen Orte „Mauken" vom Typ Siedlung und „Maukenötz" vom Typ Lagerstätte eingeblendet. Sie entsprechen aber nicht dem Fundort „Schwarzenberg Moos (Mauk F)". Erst die Ortseingabe über ein Web GIS ermöglicht die Differenzierung und den räumlichen Überblick in der Darstellung mit Geobasisdaten.

Auch bei dem im nächsten Abschnitt dargestellten Workflow zur Auswahl von Plätzen für Prospektionen ist diese Funktionalität von Bedeutung für Personen, die nicht über fundierte GIS Kenntnisse verfügen.

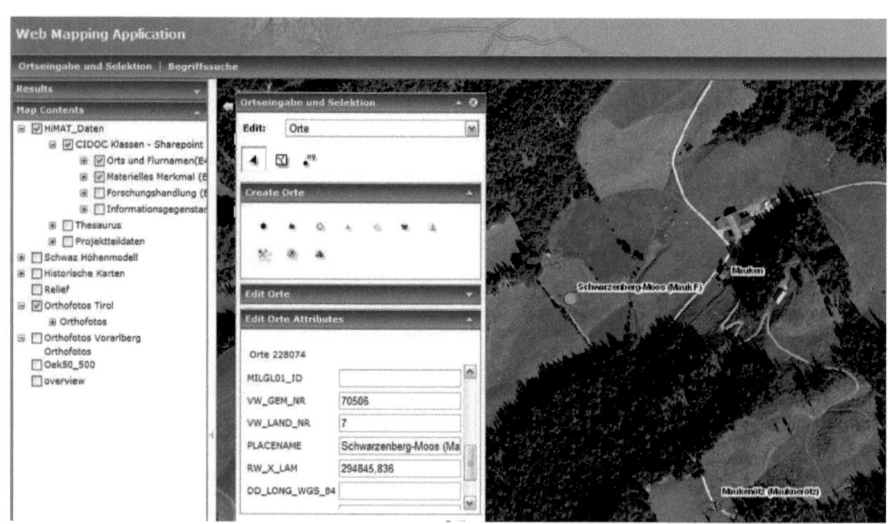

Abbildung 22: Eingabe von Ortsinformationen (Orthofotos Quelle: Land Tirol)

5.3.7 Einsatz von hochauflösenden Geländemodellen, Web GIS, Mobile GIS und GPS-Datenerfassung für Prospektionen

Die Verwendung von hochauflösenden Geländemodellen, die mittels "Airborne Laser Scanning" erfasst wurden, birgt für die archäologische Prospektion ein hohes Potential (DONEUS et al. 2006). Dank der freundlicherweise von den Ländern Salzburg, Tirol und Vorarlberg zur Verfügung gestellten Daten, ist es mit entsprechender Aufbereitung möglich, kleinräumige Geländestrukturen zu identifizieren. Nach einer Interpretation von Spezialisten über die archäologische Relevanz der Geländestrukturen, kann in der Natur gezielt danach gesucht werden. Innerhalb dieses Projektes wird ein Workflow verwendet, der basierend auf den hochauflösenden Geländemodellen die Prospektion mit Geoinformationstechnologie unterstützt. Der erste Schritt liegt in der Darstellung der hochauflösenden Geländemodelle im Web GIS. Spezialisten identifizieren jene Geländestrukturen, die eine archäologische Relevanz aufweisen und diese werden innerhalb des Web GIS mit dem in Abschnitt 5.3.6 beschriebenen Prozess markiert. In Abbildung 23 ist diese Eingabe einer potentiell interessanten Geländestruktur dargestellt. Der aus einer historischen Karte (PIRKL 1952-58) digitalisierte Punkt des „Schutzplatzl-Stollens" liegt offensichtlich auf der, durch diese Bergbautätigkeit aufgeschütteten Halde. Eine Geländestruktur, die einem Mundloch näher kommt, ist hangaufwärts zu erkennen. Sie ist mit einem türkisen Punkt markiert und zeigt das Potential von hochauflösenden Geländemodellen zur Identifikation von menschlichen Aktivitäten, die Spuren in der Geländestruktur zurückgelassen haben.

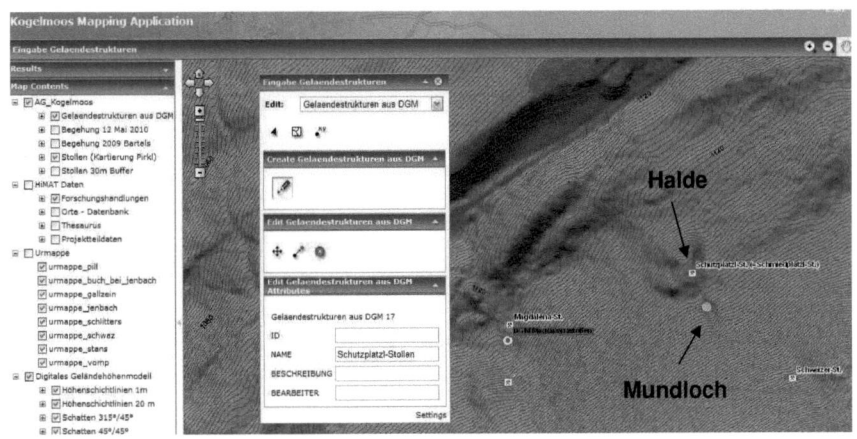

Abbildung 23: Web GIS Interface zur Unterstützung von Prospektionen

Die eingegebenen Daten können auf eine Mobile GIS Anwendung gespielt werden oder in einer Web GIS Anwendung für mobile Geräte bereit gestellt werden. Bei Mobile GIS Anwendungen handelt es sich um Software, die auf mobilen Endgeräten (z.B.: Handhelds, GPS Empfängern, Handys) betrieben wird. Diese mobilen Endgeräte verfügen über einen GPS (Global Positioning System) Empfänger. Bei GPS Empfängern wird die Positionsbestimmung auf der Erde mit Hilfe von Satellitensignalen durchgeführt. GPS Geräte werden im Zuge des SFB HiMAT bei Geländebegehungen eingesetzt und die durch sie erfassten Daten können mit der Hilfe von GIS mit Geländemodellen oder anderen Informationen überlagert werden.

Bei unserer Anwendung stehen dem Benutzer auf seinem mobilen Endgerät ein Orthofoto der Umgebung, das hochauflösende Geländemodell und die im Web GIS markierten potentiell interessanten Geländestrukturen zur Verfügung. Der GPS Empfänger zeigt die aktuelle Position und den bisher zurückgelegten Weg. Auf dem Endgerät präsentiert sich, je nach Einstellung, das Orthofoto oder das Geländemodell als Hintergrund (Abbildung 24). Die Verwendung dieser Technologien ist möglich, ohne dass die TeilnehmerInnen eine längere Einschulung in GIS benötigen.

Abbildung 24: Mobile GIS Interface mit Beispiel für Prospektion

5.3.8 Räumliche Analysen

Eine weitere GIS Funktionalität liegt in räumlichen Analysen. In Abbildung 25 legen wir beispielsweise einen 30m Puffer um die von Pirkl (PIRKL 1952-58) kartierten Stollen, die sich im Bereich der im vorhergehenden Abschnitt beschriebenen Prospektionsaktivitäten befinden. Forschungen des historischen Projektteils zum Bergbaugesetz führten zu dieser Distanz. Nach damaligem Gesetz durfte kein Stollen einen geringeren Abstand als 30 m zum nächsten Stollen haben. Deswegen ist es sinnvoll, jenen Geländestrukturen, die in einer Distanz von 30m eines Stollens liegen, besondere Aufmerksamkeit zu schenken. In der Karte von Abbildung 25 ist diese Distanz mit einem roten Kreis markiert. Die bei einer Geländebegehung erfassten bergbaurelevanten Geländestrukturen sind mit gelben Punkten markiert und der zurückgelegte Weg mit einer gelben Linie. Diese Analyse zeigt auch das Potential interdisziplinärer Arbeit von Archäologie, Geschichte und Vermessung. Ein Forschungsbereich für die Zukunft ist der Einsatz von Mustererkennungsalgorithmen zur Vorselektion potentieller Geländestrukturen, die durch kleinräumige Veränderungen von Hangneigungen charakterisiert sind und sich im Gelände wiederholen.

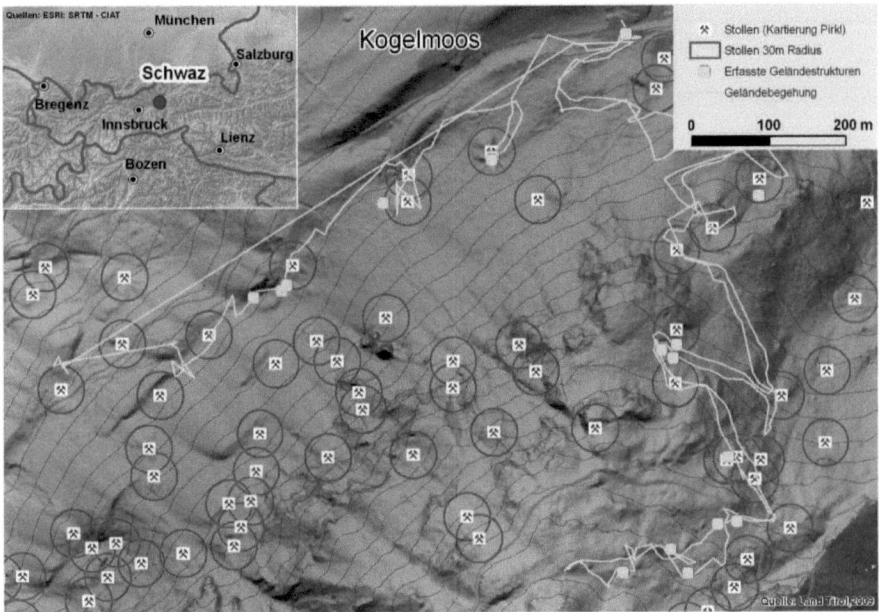

Abbildung 25: GIS Analyse mittels Pufferung und Ergebnisse einer mit GPS aufgezeichneten Geländebegehung

5.3.9 Verwendung von Google Earth für 3D Visualisierung und Dateneingabe

Die Darstellung der im Zuge des Projektes HiMAT produzierten Datenbestände innerhalb von Google Earth hat mehrere Vorteile. Für die von HiMAT verwendeten Geobasisdaten wie Orthofotos, topographische Karten oder digitale Geländemodelle, sind die Nutzungen im Internet auf Grund der erhaltenen Lizenzen nicht zulässig. Über eine Visualisierung innerhalb von Google Earth ist es trotzdem möglich, die erfassten Daten in ihrem topographischen Kontext der Öffentlichkeit zur Verfügung zu stellen. Außerdem kann eine 3D Visualisierung der Daten ohne Verwendung eines Desktop GIS erfolgen. Darüber hinaus können Gebiete visualisiert werden für die keine Geobasisdaten innerhalb des Projektes vorhanden sind. In diesen Gebieten wird Google Earth auch für topographische Dateneingaben genutzt, wenn die Informationen nicht in Koordinatenform vorliegen. Typisches Beispiel sind die Erfassung der Herkunftsgebiete von Funden, Erzen oder Mineralien, die außerhalb des zentralen HiMAT-Untersuchungsgebietes liegen. Abbildung 26 zeigt den Fundplatz „Schwarzenberg Moos Mauk F" mit an diesem Ort durchgeführten *Forschungshandlungen* und sich auf diesen Ort beziehende *Informationsquellen*. Liegen mehrere Objekte am selben Ort übereinander, so werden die unterschiedlichen Objekte sternförmig dargestellt. Die Darstellung sich überlagernder Objekte bereitet vielen GIS Probleme. Gerade durch eine ontologische Informationsaufbereitung kommt es aber zur Überlagerung vieler Objekte an einem Ort.

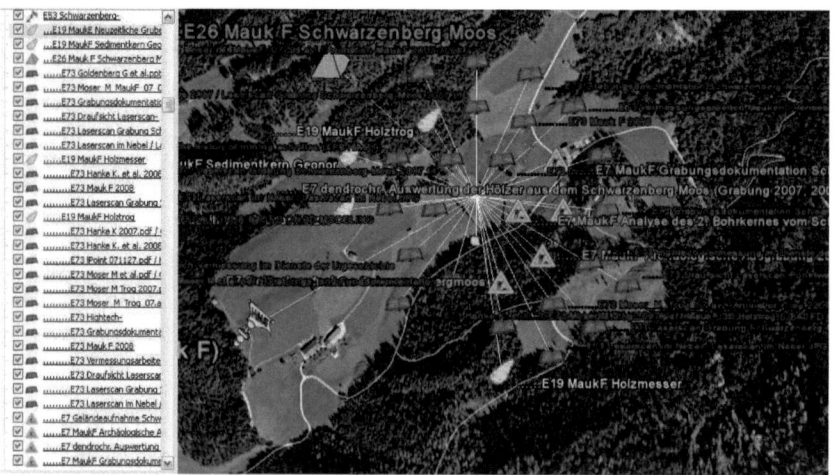

Abbildung 26: Google Earth Ansicht der am *Ort* „Schwarzenberg Moos Mauk F" befindlichen Informationen.

5.3.10 3D Visualisierung mit Desktop GIS

Die 3D Visualisierung von Fundplätzen, in Kombination mit hochauflösenden Geländemodellen in einem Desktop GIS, dient der archäologischen Forschung zum besseren Verständnis der kleinräumigen topographischen Struktur, die die Lebensverhältnisse an einem bestimmten Ort beeinflusst. Innerhalb einer 3D Ansicht kann frei navigiert werden und so die Situation aus jeder Perspektive betrachtet werden. Zusätzliche Informationen wie Streufunde oder Wasserquellen, können eingeblendet werden und in einem interaktiven Prozess ergibt sich ein besseres Verständnis der Gesamtsituation.

Abbildung 27: 3D Visualisierung des Siedlungsplatzes Kiechlberg auf einer exponierten Kuppe mit dem umgebenden Gelände (DGM: Quelle Land Tirol)

Für Publikationen ergeben 3D Darstellungen die Möglichkeit zur schnellen Erfassung einer Geländesituation, die sonst nicht so leicht in ihrer Komplexität erfassbar wäre. Abbildung 27 zeigt den sowohl in der Bronzezeit, als auch im Mittelalter bewohnten Siedlungsplatz Kiechlberg auf einer exponierten Kuppe mit dem umgebenden Gelände. Besonders die ebenen Weideflächen unterhalb der Kuppe sind gut erkennbar, genauso wie der tiefe Graben orographisch links der Kuppe, der im Winter sehr lawinengefährdet ist.

Eine andere Anwendung der 3D Modelle ist das Verständnis für hydrologische Einzugsgebiete. In Abbildung 28 ist das hydrologische Einzugsgebiet des Moores Kogelmoos für archäobotanische Anwendungen dargestellt. Die Ablagerungen eines Moores ergeben sich aus dem Einzugsgebiet. Deswegen ist es wichtig, das Gebiet zu kennen, wofür die aus der Analyse der Bodenproben sich ergebenden Rückschlüsse gültig sind. In dieser Abbildung wird das digitale Oberflächenmodell eingesetzt, um den aktuellen Baumbestand zu visualisieren. Dies ermöglicht einerseits eine bessere Orientierung und andererseits die Einbeziehung von aktueller Vegetationsinformation.

Abbildung 28: 3D Visualisierung DOM zur Evaluierung des hydrologischen Einzugsgebietes des Moores Kogelmoos für archäobotanische Anwendungen (DOM: Quelle Land Tirol)

Eine weitere Anwendung des 3D Desktop GIS besteht in der Integration der durch Grabungsdokumentation in unserem Projektteil „Vermessung und Geoinformation" gewonnenen Daten.

5.4 Content Management System (CMS)

Die primäre Aufgabe des Content Management Systems (CMS) besteht in der Speicherung digitaler Ressourcen und der Terminverwaltung. Innerhalb des CMS wurde darüber hinaus ein Prototyp entwickelt, der die Eingabe von CIDOC CRM strukturierten Metadaten ermöglicht. Ziel war einerseits der praktische Test der in Kapitel 4 entwickelten Methodik und andererseits die Datenerfassung mit wenig Entwicklungsaufwand zu ermöglichen. Diese Daten sind notwendige Testdaten für die zu entwickelnde Datenbank-Struktur und Datenbank-Benutzeroberfläche.

5.4.1 Speicherung digitaler Ressourcen und Terminverwaltung

Digitale Ressourcen sind innerhalb von HiMAT eine wichtige Informationsquelle und deren zentrale Speicherung bringt viele Vorteile in einem Projekt, dessen Mitarbeiter räumlich über verschiedene Institute in Österreich, Deutschland und der Schweiz verteilt sind. Bei den digitalen Ressourcen handelt es sich einerseits um Datenquellen für die durchgeführten Forschungen wie bestehende Literatur, die in digitaler Form vorliegt, Literaturlisten, Fotos von Ausgrabungen oder Fundgegenständen oder Interviews, die in Audioform vorliegen. Andererseits werden die Ergebnisse der durchgeführten Forschungen auf dieser gemeinsamen Plattform gespeichert. Dies können Tabellen, 3D Modelle, Datenbanken, Diagramme oder auch Publikationen sein (Abbildung 29).

Abbildung 29: Unterschiedliche Arten digitaler Ressourcen, gegliedert nach Datenquellen und Forschungsergebnissen

Die Formate dieser digitalen Ressourcen reichen von Adobe PDFs, MS-Word Dokumenten, MS-Excel Datenblättern, JPGs, bis hin zu AVIs und MP3s. Für jede digitale Ressource gibt es eine Web Adresse (URL), über die von berechtigten Benutzern zugegriffen werden kann. Ein weiterer Einsatzbereich des CMS liegt in der zentralen Terminverwaltung. In die Kalenderfunktionalitäten des CMS werden sowohl Treffen als auch Forschungsaktivitäten wie Grabungskampagnen oder Fundanalysen in einen gemeinsamen Kalender eingetragen. So ist es möglich, sich über die geplanten und durchgeführten Aktivitäten der anderen Projektteile zu informieren. Es gibt eigene Bereiche für das Gesamtprojekt und die einzelnen Projektteile innerhalb des CMS. Über eine Rechte- und Personenverwaltung wird der Zugriff mit Schreib- und Leserechten auf die einzelnen Bereiche geregelt. Dadurch ist es möglich, dass Projektteile das CMS für interne Zwecke nützen und bestimmen können, ob und wann die internen Informationen dem Gesamtprojekt zur Verfügung gestellt werden. Sinnvoll ist so eine Vorgehensweise beispielsweise dann, wenn noch laufende Auswertungen intern ausgetauscht werden, aber erst die Endergebnisse in das Gesamtprojekt einfließen sollen.

5.4.2 Prototyp für CIDOC CRM strukturierte Metadateningabe über die Content Management System Benutzeroberfläche

Die Entwicklung eines Prototypen zur Metadateneingabe innerhalb des bestehenden Content Management Systems (CMS) hat den Vorteil, dass nur ein relativ geringer Entwicklungsaufwand notwendig ist, um durch Anpassung der CMS Oberfläche die notwendigen Eingabemasken aufzubauen. Außerdem sind Teile der Daten wie digitale Ressourcen, Aktivitätsinformationen und Personendaten schon im CMS vorhanden und müssen nur um die fehlenden CIDOC CRM Klassen erweitert werden. Abbildung 30 zeigt die schon im CMS vorhandenen Daten mit den zugehörigen CIDOC CRM Klassen in roten Kreisen. Für die fehlenden Klassen wurden Tabellen angelegt, in die Instanzen dieser Klassen eingegeben werden können. Sie sind unter der Überschrift Objektlisten aufgezählt. Eine detaillierte Beschreibung der für ontologische Strukturen entwickelten Benutzeroberfläche im Content Management System findet sich in Anhang C (Kapitel 10.1).

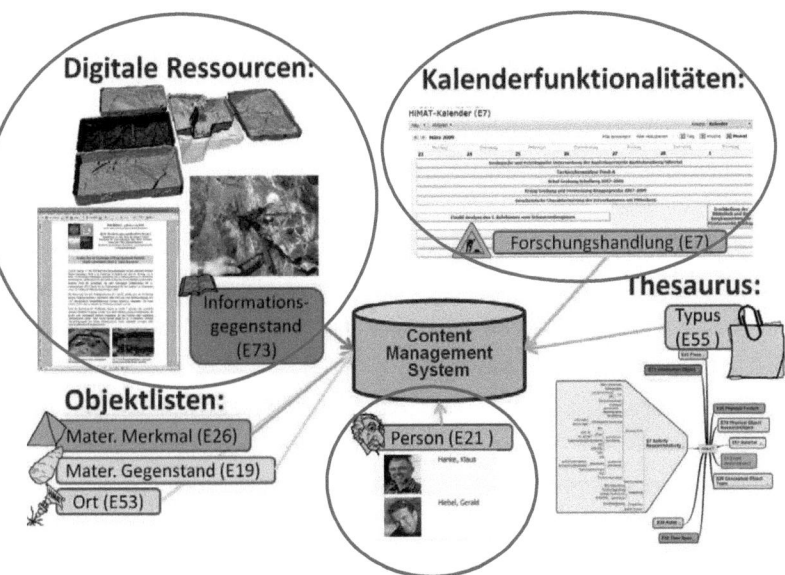

Abbildung 30: Content Management System als Prototyp für den Modelltest und zur Datengenerierung

5.4.3 GIS Zugriff auf die Inhalte des Content Management Systems

Nach einem Export der Daten aus dem CMS ist über das GIS der Zugriff auf die digitalen Ressourcen mit Ortsinformation möglich. In Abbildung 31 ist der Zugriff auf eine Grabungsdokumentation am Ort „Schwarzenberg Moos Mauk F" schematisch dargestellt.

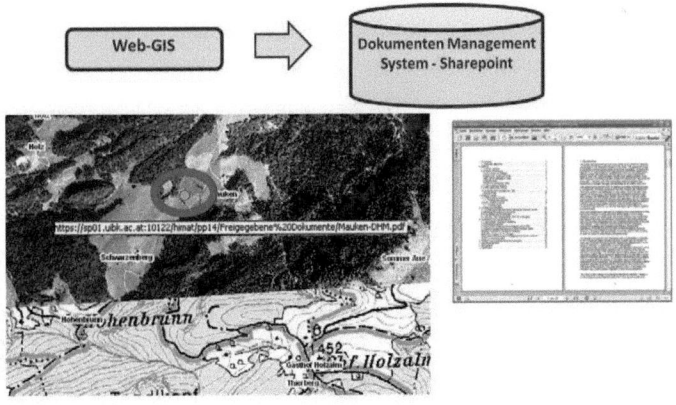

Abbildung 31: Zugriff auf die Daten des Content-Management-System (CMS) über eine GIS Schnittstelle

5.5 Datenbank

Kernstück der Implementierung ist die Datenbank. Sie wird schon als Geodatenbank für räumliche Objekte innerhalb des GIS genutzt. Es erfolgt eine Erweiterung um ontologisch strukturierte Daten, die auch Verweise auf die im CMS gespeicherten digitalen Ressourcen enthält. Besondere Herausforderungen stellen die Struktur der Datenbank und die Benutzerschnittstelle dar. Die Einführung der Datenbank gliederte sich in mehrere Schritte. Zuerst erfolgte der Aufbau der Struktur mit den notwendigen Tabellen für die ontologische Repräsentation. Anschließend werden die im CMS eingegebenen Metadaten transferiert, um die Struktur zu testen und Testdaten für die Entwicklung der Benutzeroberfläche zu haben. Die Aufbereitung der ontologisch strukturierten Daten für GIS Nutzung ermöglicht die räumliche Visualisierung und Analyse der Daten, sowie den Zugriff auf die Inhalte des CMS über räumliche Objekte.

5.5.1 Struktur der Datenbank

Ontologische strukturierte Daten werden meist nicht in relationalen Datenbanken abgespeichert, sondern in den für ihre Struktur optimierten Triple Stores wie in Abschnitt 5.1.3 beschrieben. Um aber die Vorteile relationaler Datenbanksysteme hinsichtlich des Datenmanagements und der möglichen Anbindung an GIS nutzen zu können, muss eine Struktur geschaffen werden, die es ermöglicht, die ontologische Struktur der Daten so gut wie möglich beizubehalten bei gleichzeitiger Nutzung der Techniken für relationale Datenbanken. Die hier vorgestellte Strategie zur Implementierung der für den SFB HiMAT definierten Klassen schlägt eine Tabellenstruktur in fünf Gruppen vor, die in Abbildung 35 schematisch dargestellt sind. Für jedes Element der Datenbank, außer der Thesaurustabelle, wird eine eindeutige ID vergeben. Darüber hinaus wird für jedes eingegebene Element der erschaffende und der verändernde Benutzer gespeichert. Die Benutzer entsprechen immer einer Person aus der Personentabelle. Somit ist es möglich, für jede Eingabe zurückzuverfolgen, wer sie gemacht hat, was ein wichtiger Punkt bei der Konzeption der Datenbank war. Auf jede der in Abbildung 32 dargestellten Gruppen soll nun im Einzelnen eingegangen werden, um ihre Funktionalität und Bedeutung darzustellen. Im Anhang B (Kapitel 9) sind die grundlegenden Strukturen für die Funktion der Datenbank angegeben.

Die Gruppe „Ontologie" enthält die Ontologie des CIDOC CRM in Tabellenformat. Diese Tabellen wurden erzeugt, indem das RDF Modell des CIDOC CRM mit dem Tool

„Altova XML Spy" in drei Tabellen transformiert wurde. Die Tabellen *Klassen, Klassenhierarchie und Eigenschaften* bilden die gesamte Information des in RDF definierten CIDOC CRM ab. Dabei kommt der Tabelle *Klassenhierarchie* eine besondere Bedeutung zu, da sie die hierarchische Ordnung der Klassen definiert. Über diese Hierarchie ist es möglich festzustellen, welche Eigenschaften für eine spezifische Klasse existieren, da für jede Klasse auch die Eigenschaften der übergeordneten Klassen gültig sind und vererbt werden. Deswegen ist es auch notwendig, das gesamte CIDOC CRM in die Datenbank aufzunehmen, selbst wenn für unsere Anwendung nur spezifische Klassen und Eigenschaften ausgewählt wurden. In Anhang B (Kapitel 9.1) sind Tabellenstrukturen und SQL Statements aufgelistet, um aus diesen Tabellen die CIDOC CRM Inhalte aufzubauen. In diese Tabellengruppe Ontologie könnte auch eine andere in RDF definierte Ontologie importiert werden, beispielsweise das vom „Center for Archaeology" von English Heritage definierte EH CRM (MAY et al. 2010a). Damit wäre es möglich, die gesamte Struktur und Benutzeroberfläche mit einer anderen Ontologie zu verwenden.

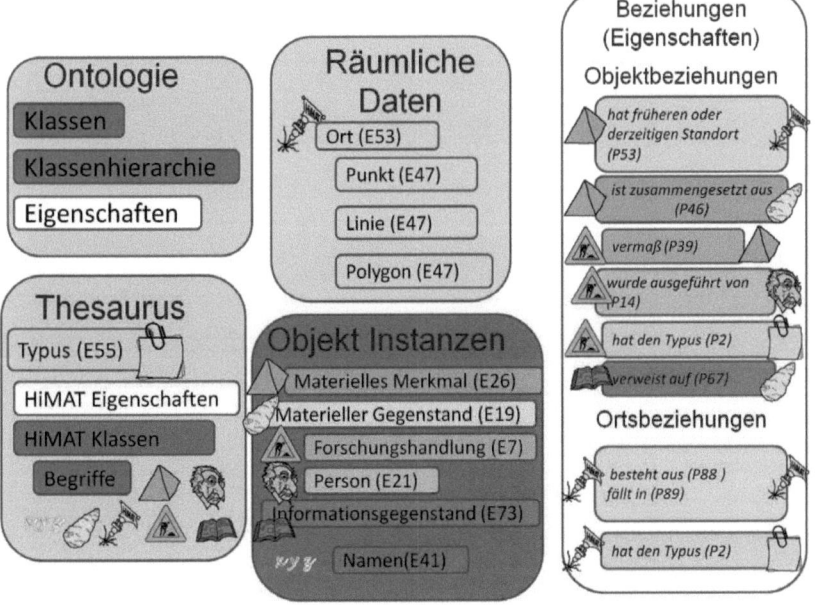

Abbildung 32: Tabellengruppen in der Datenbank

Die Gruppe der „Thesaurus" Tabellen enthält im Moment nur eine Tabelle, die eine hierarchische Ordnung aufweist, das heißt, für jedes Element der Tabelle gibt es ein Feld, in dem ein Elternelement angegeben ist. Die primäre Funktionsweise der Tabelle Thesaurus ist die Sammlung der für den SFB HiMAT relevanten Begriffe, mit denen eine Verschlagwortung durchgeführt werden kann. Diese Begriffe sind hierarchisch geordnet wie im Abschnitt 4.3 beschrieben und ihre oberen Hierarchiestufen sind die für den SFB HiMAT in Abschnitt 4.2.1 ausgewählten CIDOC CRM Klassen. Durch diese Eintragung von Ontologie Klassen in der Thesaurustabelle ergibt sich die zweite Funktionsweise dieser Tabelle. Sie wird benutzt, um anzugeben, welche Klassen der Ontologie (hier CIDOC CRM) innerhalb der bestehenden Implementierung in der Benutzeroberfläche verwendet werden können. Über das Hinzufügen neuer Klassen zu der Thesaurustabelle ist es möglich, die ontologische Repräsentation der Implementierung zu erweitern ohne in der Struktur der Datenbank Änderungen durchführen zu müssen. Für diese zweite Funktionalität der Thesaurustabelle, die Anpassung der Implementierung, wird noch ein eigener Zweig in den Thesaurus eingefügt, der die in Abschnitt 4.2.2 ausgewählten Eigenschaften des CIDOC CRM enthält (Abbildung 33).

Abbildung 33: Angabe von CRM Eigenschaften und Klassen im Thesaurus zur Spezifikation der ontologischen Repräsentation in der Implementierung

Die Begriffe zur Spezialisierung des CIDOC CRM für den SFB HiMAT sind als Unterelemente der ausgewählten Klassen eingetragen. Über die Ergänzung von Klassen, Eigenschaften und Begriffen kann die, für einen Bereich notwendige,

Wissensrepräsentation entsprechend den aktuellen Anforderungen, ergänzt werden. Die hierarchische Ordnung erlaubt es, bei Suchen nur einen Oberbegriff einzugeben und damit sämtliche mit untergeordneten Begriffen verschlagwortete Einträge zu bekommen. Diese Option ermöglicht es auch disziplinfremden Personen, bei einem gut aufgebauten Thesaurus, durch die Eingabe von allgemein verständlichen Oberbegriffen korrekte Ergebnislisten zu erzielen, selbst wenn die spezifischen Begriffe, mit denen Objekte bezeichnet wurden, nicht bekannt sind. Es kann beispielsweise nach Analysen der „Quantitativen Geochemie" gesucht werden, ohne zu wissen, dass es sich dabei im Detail um Elektronenstrahlmikrosonde, ICP-MS oder AES handelt. In Anhang B (Kapitel 9.2) ist die Tabellenstruktur der Thesaurustabelle abgebildet und es sind wichtige SQL Statements zur Nutzung der Tabelle angegeben. Wenn der Thesaurus polyhierarchisch erweitert werden soll, das heißt, dass ein Element mehrere Elternelemente aufweisen kann, so müsste eine zweite Tabelle angelegt werden, analog zur Tabelle Klassenhierarchie in der Gruppe „Ontologie", in der eine Klasse mehrere Oberklassen aufweisen kann.

Für die Gruppe "Objekt Instanzen" wurden sechs Tabellen angelegt, die bestimmten ausgewählten Klassen des CIDOC CRM entsprechen. Sie wurden deswegen in unterschiedlichen Tabellen angelegt, weil bestimmte Klassen sehr unterschiedliche Eigenschaften besitzen, die in einer Tabelle verwaltet werden, um dort die wichtigsten Eigenschaften, die eine Instanz kennzeichnen, zu gruppieren und die bevorzugten Werte für diese Eigenschaften abzuspeichern. *Personen* haben beispielsweise einen Familiennamen, einen Vornamen und ein Geburtsdatum, während *Informationsobjekte* einen Titel, eine URL oder einen Dateitypen haben. Die Tabellen *Materielle Merkmale* oder *Materielle Gegenstände* verfügen nur über einen Titel und ein Info Feld, während *Forschungshandlungen* außerdem Felder für Anfangs- und Enddatum besitzen. In der Ontologie des CIDOC CRM ist es aber möglich, dass eine Instanz verschiedene Namen oder Titel haben kann. Diese alternativen Werte können in der Tabelle *Namen* abgespeichert werden, sofern dies notwendig ist. In dieser Tabelle sind auch die Werte von Identifikatoren (IDs) für Instanzen abgespeichert. So ist es möglich, wenn Daten aus einer anderen Datenbank oder Liste importiert werden, die zugehörigen IDs mitzuspeichern. Für jede ID Art muss in der Tabelle *Thesaurus* ein Thesaurusbegriff angelegt werden, der die Art der ID kennzeichnet. In der *Namen* Tabelle wird dieser Thesaurusbegriff mit der ID und der internen eindeutigen Instanz ID abgespeichert. Diese Methode ermöglicht es für dieselbe Instanz, so viele IDs und Namen wie gewünscht zu vergeben. Dies ist beispielsweise für einen Fundgegenstand sinnvoll, der bei einer Ausgrabung gefunden wurde, dort eine Fundnummer bekommen hat, dann zu einem Labor kommt, wo er analysiert wird und eine Labornummer erhält und anschließend möglicherweise in einem Museum verwahrt wird, das eine Inventarnummer vergibt. Jede der Instanztabellen verfügt über ein eigenes Feld, welcher Ontologieklasse das Element der Tabelle zugeordnet ist. Damit ist es möglich, in diesen Tabellen nicht nur die Klassen zu speichern, die über den Tabellennamen definiert sind, sondern auch Unterklassen oder Oberklassen, die gleiche Eigenschaften besitzen. Durch diese spezifischen Klassenzuordnungen wird es möglich, für zwei ausgewählte Instanzen genau anzugeben, mit welchen Eigenschaften sie verbunden werden können. In Anhang B (Kapitel 9.3) sind die Tabellenstrukturen dieser sechs Instanzentabellen angeführt.

Die Gruppe „Räumliche Daten" enthält Instanzen der Klasse *Ort*. Sie sind in jenen drei Tabellen gespeichert, die schon als Teil der Geodatenbank angelegt wurden und die die gemeinsame Datenbasis für Punkte, Linien und Polygone enthalten. Diese Tabellen wurden um ein Feld mit der eindeutigen ID erweitert, um sie in der Tabelle Objektbeziehungen nutzen zu können. Sie stellen die räumliche Komponente dar, die notwendig ist die ontologisch strukturierten Daten in einem GIS zu verarbeiten. Anhang B (Kapitel 9.4) zeigt die Tabellenstruktur für Punkte, Linien und Polygone, wobei viele Felder dieser Struktur noch auf die ursprüngliche Verwendung im GIS zurückgehen und in der ontologischen Struktur nicht mehr notwendig wären. Beispielsweise wird in der Polygontabelle die Zugehörigkeit zu einer Gemeinde und einem Bezirk in eigenen Feldern gespeichert. Die Punkttabelle enthält den Typ (z.B.: Siedlung, Berg, Fundort,...) des jeweiligen Punktes. In der ontologischen Repräsentation werden diese Eigenschaften von Punkten oder Polygonen in den im Folgenden beschriebenen Beziehungstabellen gespeichert. Dies hat mehrere Vorteile. Einerseits kann die Art der Beziehung beschrieben werden, andererseits sind mehrere und unterschiedliche Typzuweisungen zu *Orten* möglich oder Punkte können unterschiedlichen Verwaltungseinheiten zugeordnet werden. Die ist besonders für historische Betrachtungen relevant, da derselbe Ort zu unterschiedlichen Zeiten in verschiedene Verwaltungs- und Gerichtsbarkeiten fallen kann.

Zwei Tabellen enthalten die Beziehungen zwischen den Elementen der Datenbank. Durch die eindeutigen IDs innerhalb der Datenbank ist es möglich, in diesen Tabellen die Elemente aus verschiedenen Objektinstanzentabellen oder Ortstabellen zu mischen. Die Tabelle *Objektbeziehungen* enthält die Relationen zwischen Objekt Instanzen, Thesaurus Begriffen und räumlichen Daten. Die Tabelle *Ortsbeziehungen* enthält nur die Relationen von räumlichen Daten zu ihren Thesaurusbegriffen und die Beziehungen von räumlichen Elementen untereinander, beispielsweise welcher Ortsname in welcher Gemeinde liegt und welche Gemeinde zu welchem Bezirk gehört. Diese Aufteilung in zwei Relationstabellen erfolgte aus Gründen der Übersichtlichkeit und Performance, da bei den räumlichen Daten ca. 60 000 Einträge vorhanden sind, die mindestens je einem Thesaurusbegriff und einer Gemeinde zugeordnet sind. Anhang B (Kapitel 9.5) zeigt diese Beziehungstabellen.

Ein großer Teil der Datenbankfunktionalitäten, die von Benutzerschnittstelle und GIS verwendet werden, sind über SQL Abfragen oder sogenannte Datenbank Sichten (engl. Views) realisiert. Bei einer View handelt es sich um eine SQL Abfrage, die permanent wie eine Tabelle zur Verfügung steht und sich aus ausgewählten und gefilterten Informationen einer oder mehrerer Tabellen zusammensetzt. Gerade für die von uns gewählte Struktur der Datenbank, wo Informationen in die Klassen des CIDOC CRM in Zusammenhang mit ihren Eigenschaften aufgeteilt sind, spielen diese Views eine große Rolle. Die wichtigsten SQL Abfragen und Views sind im Anhang B (Kapitel 9.6) erklärt und mit ihrem Syntax definiert. Die hier dargestellte Datenbankstruktur erlaubt die Wissensrepräsentation in einem erweiterbaren ontologischen Datenschema, das auf einer in RDF definierten Ontologie basiert und die Möglichkeit bietet räumliche Analysen durchzuführen oder ein GIS mit der räumlichen Komponente der Daten zu nutzen.

5.5.2 Überführung der CIDOC CRM organisierten Metadaten des CMS in die Struktur der Datenbank

Nachdem die Tabellen der Datenbank angelegt sind, erfolgt die Überführung der im CMS Prototypen (siehe Abschnitt 5.4.2) eingegebenen Daten in die neue Datenbankstruktur. Der große Vorteil im Vergleich zu sonstigen Überführungen von Datenbankinhalten in CIDOC CRM Strukturen ist, dass die Daten schon in CIDOC CRM Klassen strukturiert sind und damit die semantische Komponente der Daten mit der neuen Struktur übereinstimmt. Eine Problemstellung war die Transformation der CMS IDs auf die in der ganzen Datenbank eindeutigen IDs. Um diesen Prozess durchführen zu können, muss die Eingabetätigkeit im CMS eingefroren werden, bis der komplette Transfer durchgeführt ist. Ab diesem Zeitpunkt sind nur mehr Eingaben in der Datenbank möglich. Tabelle 6 zeigt die in den verschiedenen Klassen transferierten Instanzen und in der letzten Zeile die zwischen diesen Instanzen bestehenden Beziehungen.

Klasse	Transferierte Objekte
Materielles Merkmal	47
Forschungshandlung	125
Materieller Gegenstand	58
Informationsgegenstand	1286
Person	94
Typus (E55), Thesaurusbegriffe	701
Objektbeziehungen	5819

Tabelle 6: Klassen mit der Anzahl der transferierten Instanzen und der zwischen diesen Instanzen bestehenden Beziehungen.

Sollten einmal Daten aus einer anderen Datenbank in die HiMAT Datenbank übernommen werden, so ist ein ähnlicher Prozess durchzuführen, bei dem aber vorher die semantische Aufspaltung der Daten in die CIDOC CRM Klassen der HiMAT Datenbank, das sogenannte „mapping", erfolgen muss.

5.5.3 Ontologisches Datennetz

Eine Ontologie erschafft ein Netzwerk von Objekten wie es in Abbildung 34 dargestellt ist.

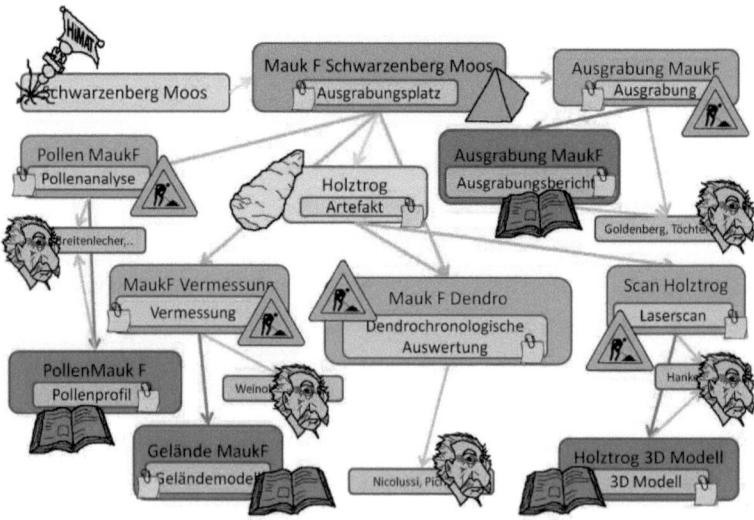

Abbildung 34: Ontologische Struktur der Daten schafft Netzwerk von Objekten

Diese ontologische Struktur der Daten eröffnet sehr große Möglichkeiten hinsichtlich der Abbildung komplexer Strukturen, schafft aber auch Herausforderungen in Bezug auf die Aufbereitung der Daten für spezielle Fragestellungen und für die Benutzerschnittstelle. Als für diese Arbeit relevante Fragestellung wird im nächsten Abschnitt auf die Aufbereitung der Daten für GIS Anwendungen eingegangen. In Anhang C ist unsere Benutzerschnittstelle präsentiert, die zur Ansicht, Auswertung und Eingabe der Daten entwickelt wurde. Sie erfüllt die Funktionen zur Navigation innerhalb des Datennetzes, für die Neueingabe von Instanzen, und die Verknüpfung von Instanzen mit Thesaurusbegriffen oder anderen Instanzen. Erst über diese Benutzerschnittstelle ist eine sinnvolle Arbeit mit den Daten möglich.

5.5.4 Baumansicht der ontologisch strukturierten Daten für GIS Nutzung

Um das in Abbildung 34 schematisch abgebildete Netzwerk für ein GIS verwendbar zu machen, haben wir den Lösungsansatz gewählt, die Netzwerkstruktur in einer hierarchischen Baumansicht darzustellen (Abbildung 35). Für diese hierarchische Struktur muss eine Wurzel definiert werden, ein Einstiegspunkt in das Netzwerk. In unserem Fall wurde der *Ort* definiert, da diese Ansicht für das GIS verwendet wird. Damit wird es möglich innerhalb des GIS auch jene Objekte einem *Ort* zuzuordnen, die nur indirekt mit einem *Ort* verbunden sind. Beispielsweise der *Informationsgegenstand* „Holztrog 3D Modell", der eigentlich nur dem *Materiellen Gegenstand* „Holztrog" zugeordnet wurde, der aber wiederum dem *Materiellen Merkmal* „Mauk F Schwarzenberg Moos" zugeordnet ist, das über eine Zuordnung zum *Ort* „Schwarzenberg Moos" verfügt.

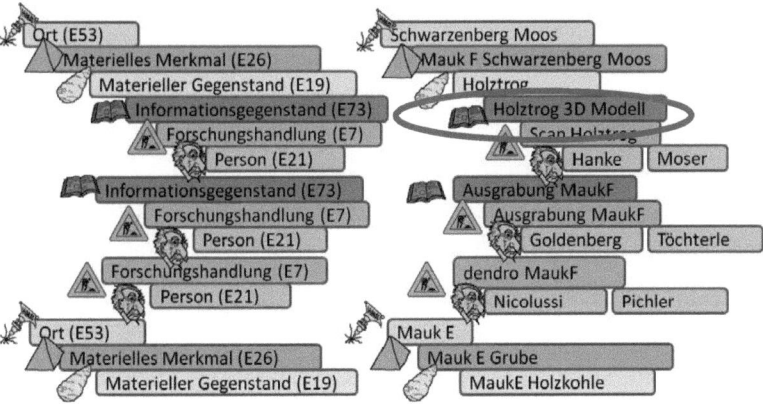

Abbildung 35: Ansicht des Netzwerks in einer Baumstruktur

Diese Baumansicht ist auch für die Benutzerschnittstelle von Interesse, da moderne Datenbanken die Möglichkeit bieten hierarchische Strukturen in Baumansichten anzuzeigen, wohingegen sich die Darstellungsformen für größere Netzstrukturen noch in der Entwicklung befinden. Die für diesen Zweck von uns entwickelte Benutzerschnittstelle ist in Anhang C (Kapitel 10.2) dokumentiert. Mit dieser Methode ist es möglich, auch Baumstrukturen mit anderen Wurzelelementen zu definieren, je nachdem, aus welcher Perspektive in das Datennetz eingestiegen werden soll. Für Historiker kann es von Interesse sein, ihre Datenquellen, zum Beispiel Archivalien, an die Spitze der Hierarchie zu stellen und über sie auf die damit verbundenen *Personen*, *historischen Handlungen*, *Orte* oder *Themen* zuzugreifen. So wird es möglich für jede Disziplin die relevante Sicht der Daten herzustellen, ohne die Datenstruktur verändern zu müssen.

5.5.5 GIS Nutzung der Baumansicht mit Zugriff auf CMS Inhalte

Die im vorhergehenden Abschnitt beschriebene Baumstruktur kann nun auf unterschiedliche Arten genutzt werden, um ontologisch strukturierte Daten in einem GIS darzustellen.

In Abbildung 36 sind zwei mögliche Repräsentationen der Daten dargestellt. Einerseits Tortendiagramme, die jene im Bereich Mauken (bei Brixlegg) befindlichen Ausgrabungsplätze anzeigen. Ihre Größe und Aufteilung ergibt sich durch die Aufsummierung der an diesen *Orten* durchgeführten *Forschungshandlungen*, der dort befindlichen *Materiellen Merkmale*, der gefundenen *Materiellen Gegenstände* und der sich auf diesen *Ort* beziehenden *Informationsgegenstände*. Für den Ausgrabungsplatz „Mauk F Schwarzenberg Moos" wurde über das Identify-Tool auf die dahinter liegenden Daten zugegriffen. In dem Identify - Fenster sieht man die zweite Möglichkeit der Datendarstellung. Die einzelnen, sich an diesem *Ort* befindlichen Objekte, werden in der gleichen Baumstruktur angezeigt wie in Abbildung 35. Hinter den Daten liegen auch die verbindenden Hyperlinks zu den korrespondierenden Einträgen in der Datenbank und im Weiteren im CMS. Wird beispielsweise der *Informationsgegenstand* „Holztrog 3D Modell", der zum *Materiellen Gegenstand* „Holztrog" gehört, ausgewählt, so kann auf das im CMS gespeicherte 3D Modell im PDF Format zugegriffen und im Acrobat Reader angezeigt werden.

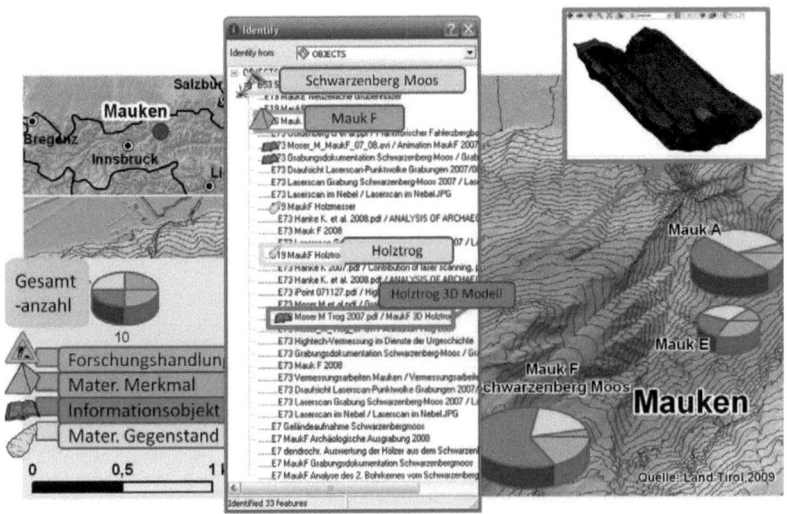

Abbildung 36: Aufsummierung der Objekte in Tortendiagrammen innerhalb des GIS und Nutzung der Baumansicht für den Zugriff auf CMS Inhalte

5.6 Beispiel für die Funktion der HiMAT Implementierung über den Gesamtuntersuchungsraum

Mit einem Beispiel für eine konkrete Fragestellung über den Gesamtuntersuchungsraum soll die Funktionsweise der HiMAT Implementierung dargestellt werden. Bis jetzt waren die Beispiele für die ontologische Struktur der Daten auf einen oder wenige Ausgrabungsplätze beschränkt. Nun soll eine Auswertung erfolgen, die die Gesamtheit des Untersuchungsraumes als Datengrundlage hat. Es wird auf die Vorteile, aber auch Probleme hingewiesen, die sich aus der Verwendung einer ontologischen Datenstruktur in Kombination mit einem GIS ergeben. Das Beispiel gliedert sich in die Definition der Aufgabenstellung, die Erstellung von Richtlinien für die Dateneingabe, in die Qualitätskontrolle der Daten und die Auswertung. Die Ergebnisse werden im Einzelnen präsentiert und der Mehrwert einer ontologischen Datenstruktur diskutiert.

5.6.1 Aufgabenstellung

Eine der Aufgabenstellungen innerhalb des SFB HiMAT war die Produktion einer Karte, die sämtliche durchgeführte Forschungen der einzelnen Projektteile enthält. Gliederungen nach den Projektteilen und Summen über die an einem Ort durchgeführten Forschungen sollen dargestellt werden. Diese Aufgabenstellung ist auch lösbar, indem von jedem Projektteil die Koordinaten ihrer Forschungen erhoben und in einer Karte eingetragen werden. Nachteil dieser Vorgangsweise ist, dass unter Umständen unterschiedliche Namen und/oder Koordinaten für die verschiedenen Forschungsstätten angeführt werden. Oder, dass diese Koordinaten gar nicht bekannt sind, weil der Fundgegenstand einer Ausgrabung untersucht wurde, aber der untersuchende Projektteil mit dem Ausgrabungsort nichts zu tun hat und deshalb auch nicht weiß, wo sich dieser befindet. Was man im besten Fall erhalten würde, wäre eine unzusammenhängende Punktwolke, die es auch nicht ermöglicht, Summen über Forschungsplätze wie Ausgrabungen zu bilden. Eine gemeinsame Geodatenbasis, aus der bestimmte Orte ausgewählt werden können, schafft eine Verbesserung hinsichtlich der Problematik von Ortsnamen und einheitlichen Koordinaten. Der nächste Schritt einer ontologischen Repräsentation bringt einen Mehrwert auf unterschiedlichen Ebenen. Einmal werden die Bedeutungen der gespeicherten Informationen definiert. Weiters erfolgt eine Aufspaltung der Informationen in die ontologischen Kategorien, wodurch es möglich wird, die eingegebenen Informationen auch für andere Zwecke weiterzuverwenden. Durch die flexible und komplexe Struktur der Informationsrepräsentation bei ontologischen Strukturen bestehen verschiedene Möglichkeiten dieselbe Realität abzubilden. Die auftretenden Fragestellungen zur Abbildung der Information und die, für unseren konkreten Fall, entwickelten Richtlinien, um eine einheitliche Dateneingabe sicherzustellen, werden im nächsten Abschnitt diskutiert.

5.6.2 Richtlinien für Datenabbildung

Eine entscheidende Fragestellung für die Abbildung des Wissens ist, ob Information als konkrete Instanz oder als abstrakter Typ gespeichert wird. Als konkretes Beispiel soll wieder unser Ausgrabungsplatz „Schwarzenberg Moos Mauk F" dienen, an dem *Forschungshandlungen* durchgeführt und Fundgegenstände ausgegraben wurden. Sowohl Fundgegenstände als auch Forschungshandlungen können als konkrete Instanzen angelegt werden wie das auch in der Abbildung 12 in Kapitel 4.4 (Seite 52) illustriert ist. Dies hat den Vorteil, dass die neu angelegten Instanzen über bestimmte Eigenschaften mit dem Ausgrabungsplatz verbunden werden können und so die Art der Beziehung spezifiziert werden kann, soweit sie in der Ontologie definiert ist. Außerdem können diese Instanzen von Fundgegenständen oder Forschungshandlungen wieder als Basis für weitere ontologische Beziehungen dienen und sie können auch mit einer Typisierung versehen werden. Wenn nur mit abstrakten Typen gearbeitet wird, so ist dies nicht möglich. Oft macht es aber keinen Sinn konkrete Instanzen einzuführen, wenn es nicht wichtig ist sie im Einzelnen zu dokumentieren. Daher ist es notwendig das Ziel der Dokumentation zu definieren, um zu wissen wann Objekte als Instanzen oder als Typen anzulegen sind. Für unsere konkrete Aufgabenstellung wurde definiert, dass die *Forschungshandlung* als Instanz einzugeben ist. Damit kann *Typusinformation* über die Art der Forschungshandlung hinzugefügt werden. Beispielsweise, ob es sich um eine dendrochronologische Analyse, eine Ausgrabung oder eine Vermessung handelt. *Personen* werden ebenfalls als Instanzen angelegt. Der Projektteil, dem diese *Person* zugeordnet ist, wird über die Zuordnung eines *Typus* festgelegt (Abbildung 37).

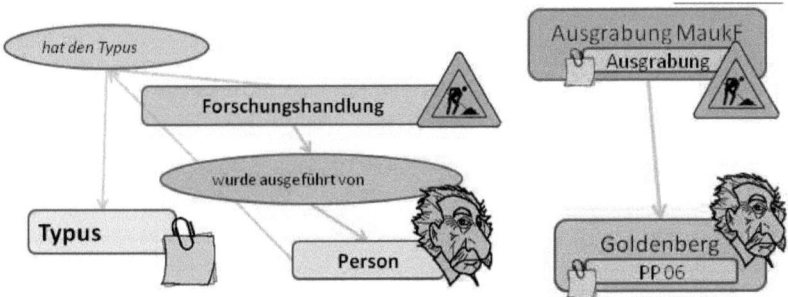

Abbildung 37: Eingabe der *Forschungshandlung* und der *Person* als Instanz, sowie Zuweisung eines *Typus* zur jeweiligen Instanz (links allgemein, rechts mit konkreten Instanzen)

Die Zuordnung von *Forschungshandlungen* zu *Orten* sollte über die untersuchten Objekte erfolgen. Bei diesen Objekten kann es sich um *Materielle Gegenstände* (Artefakte, Bodenproben oder andere Materialproben,...), *Materielle Merkmale* (Ausgrabungsplätze, Siedlungen, ...) oder *Informationsgegenstände* (Archivquellen, ...) handeln (Abbildung 38).

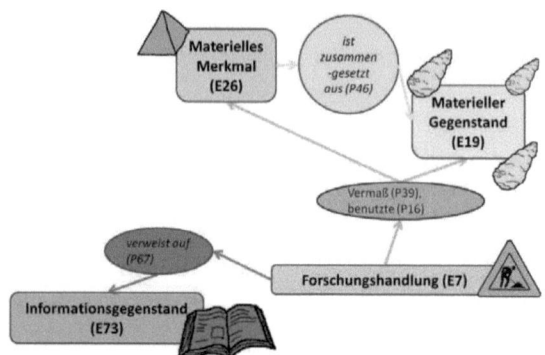

Abbildung 38: Zuordnung von *Forschungshandlungen* zu untersuchten Objekten (allgemein)

Es erfolgt also beispielsweise die Zuordnung der *Forschungshandlung* Ausgrabung zu einem Ausgrabungsplatz (Abbildung 39 links) oder der *Forschungshandlung* Dendrochronologische Auswertung zu einem Artefakt (Abbildung 39 rechts).

Abbildung 39: Konkrete Zuordnung von *Forschungshandlungen* zu *Materiellen Merkmalen* (links) oder *Materiellen* Gegenständen (rechts)

Diese Objekte werden dann einem *Ort*, über die für dieses Objekt passende Eigenschaft, zugeordnet (Abbildung 40). Oder sie werden einem anderen Objekt zugeordnet, das bereits eine Ortszuordnung besitzt.

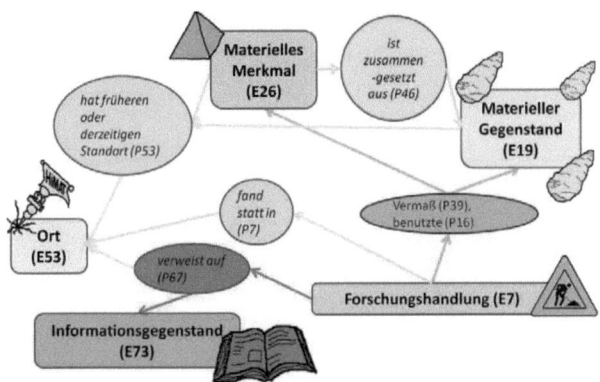

Abbildung 40: Zuordnung von *Forschungshandlungen* oder untersuchten Objekten zu einem *Ort*

In unserem Beispiel wird dem *Materiellen Merkmal* „Mauk F Schwarzenberg Moos" mit dem *Typus* Ausgrabungsplatz dem *Ort* „Schwarzenberg Moos" zugeordnet (direkte Ortszuweisung). Wird dann der *Materielle Gegenstand* „Holztrog dem *Materiellen Merkmal* „Mauk F Schwarzenberg Moos" zugeordnet, kommt es zu einer indirekten Ortszuweisung (Abbildung 41).

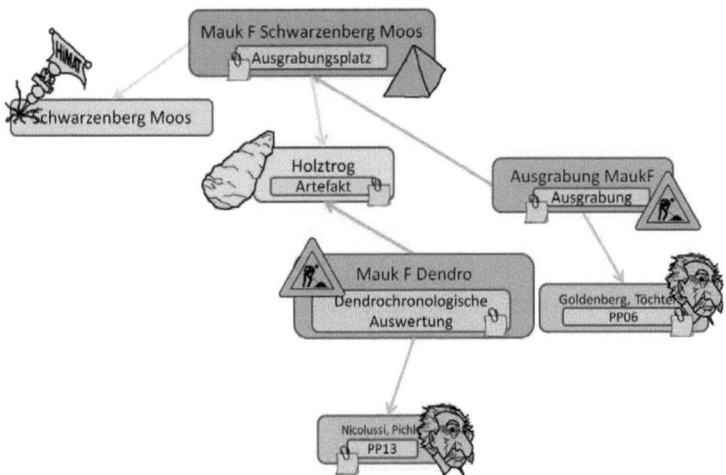

Abbildung 41: Direkte Zuordnung eines *Materiellen Merkmales* zu einem Ort und indirekte Zuordnung eines *Materiellen Gegenstandes*

Diese Art der Wissensrepräsentation hat den Vorteil, dass beispielsweise der „Holztrog" als Untersuchungsobjekt von anderen Disziplinen verwendet werden kann, ohne ihn mit seinen Eigenschaften erneut anlegen zu müssen. Wenn wie in Abbildung 42 illustriert, ein Laserscan des Holztroges durchgeführt wird, kann dieser Laserscan direkt mit dem bereits vorhandenen „Holztrog" verknüpft werden.

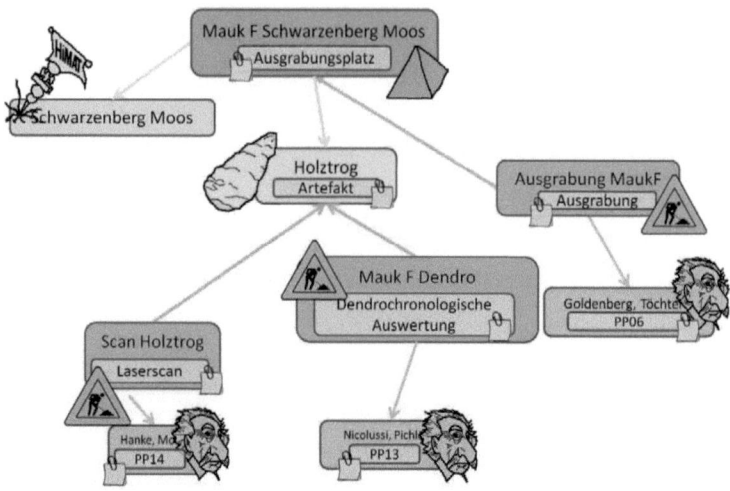

Abbildung 42: Die *Forschungshandlung* „Scan Holztrog" kann direkt mit dem *Materiellen Gegenstand* „Holztrog" verknüpft werden

Der Vorteil ist einerseits, dass Typusinformationen (z.B.: Artefakt, Holz) zum „Holztrog" nicht nochmals angelegt werden müssen und andererseits, dass sämtliche Informationen, die mit dem Objekt „Holztrog" verknüpft sind über eine Verknüpfung mit dieser Instanz verfügbar werden.

Die Instanz der *Forschungshandlung* kann auch direkt über die Eigenschaft „fand statt in" einem *Ort* zugeteilt werden. Dies sollte jedoch nur erfolgen, wenn keine andere Disziplin auf das von der *Forschungshandlung* untersuchte Objekt zugreift. Die Dateneingabe erfolgt über das in Abbildung 43 dargestellte und in Anhang C (Kapitel 10.2.) detailliert beschriebene Web Interface. Erst eine allen Projektpartnern zugängliche Benutzerschnittstelle ermöglicht die gemeinsame Dateneingabe, mit der Nutzung der von den Partnern bereits eingegebenen Daten.

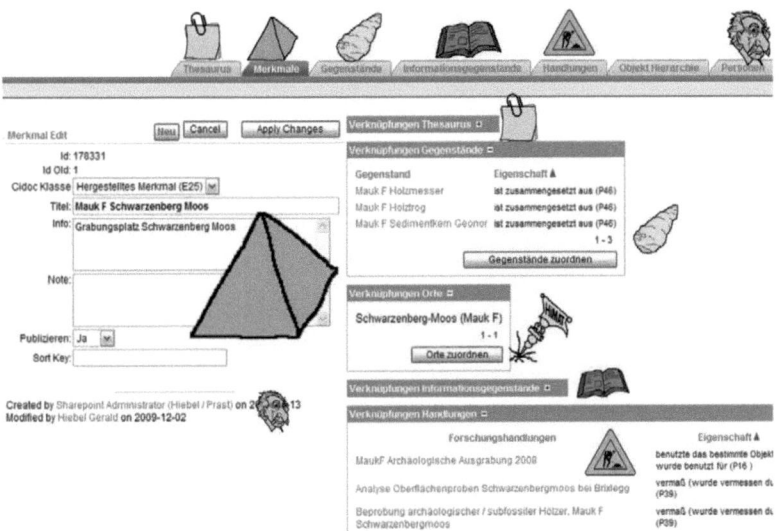

Abbildung 43: Web Interface zur Dateneingabe mit der Instanz „Mauk F Schwarzenberg Moos" der Klasse *Materielles Merkmal*

5.6.3 Qualitätskontrolle

Die Qualitätskontrolle erfolgt über mehrere Methoden, von denen jede für die Aufdeckung von bestimmten Fehlern geeignet ist. Nur eine Kombination ermöglicht eine umfassende Kontrolle. An erster Stelle stehen einfache Listen, die als Excel Tabellen an die Projektteile verteilt werden. Folgende Fragestellungen sind zu behandeln:

- Vollständigkeit der *Forschungshandlungen*?
- Ist jeder *Forschungshandlung* mindestens eine *Person* zugeordnet? Ist dieser Person, ein Projektteil als *Typus* zugeordnet?
- Ist jeder *Forschungshandlung* direkt oder indirekt ein *Ort* zugeordnet

Beispiele für diese Listen sind in Anhang B (Kapitel 9.7) abgebildet, in Zusammenhang mit den SQL Statements, die diese Listen erzeugen.

Der nächste Schritt ist die Qualitätskontrolle der Verortung nach den folgenden Fragen:

- Sind die *Forschungshandlungen* richtig verortet?
- Sind *Forschungshandlungen,* die sich auf die gleiche Stelle beziehen, auch dem gleichen *Ort* zugeordnet?

Dies wird einerseits über die Produktion von Übersichtskarten (Abbildung 44) erreicht und andererseits über die Darstellung der Daten im Web GIS (Abbildung 45).

Abbildung 44: Übersichtskarte zur Qualitätskontrolle

Das Web GIS bietet die Möglichkeit auf große Maßstäbe zu zoomen, um mit topographischen Karten, digitalen Höhenmodellen oder Orthofotos die Position zu verifizieren. Auch mögliche Doppeleingaben oder falsche Zuweisungen sind oft erst in großen Maßstäben zu erkennen (Abbildung 46). Diese Problematik wird stark eingeschränkt, wenn eine indirekte Ortszuordnung über ein Merkmal, beispielsweise einen Ausgrabungsplatz, erfolgt. Im hier dargestellten Fall wurden einige Forschungshandlungen dem Ort „Troiboden" wie er in der ÖK 50 verortet ist, zugeordnet (oberer roter Kreis in Abbildung 46). Dies erfolgte zu einem Zeitpunkt, als der eigentliche Fundort, der ebenfalls nach dem „Troiboden" benannt wurde, noch nicht mit exakten Koordinaten vermessen war.

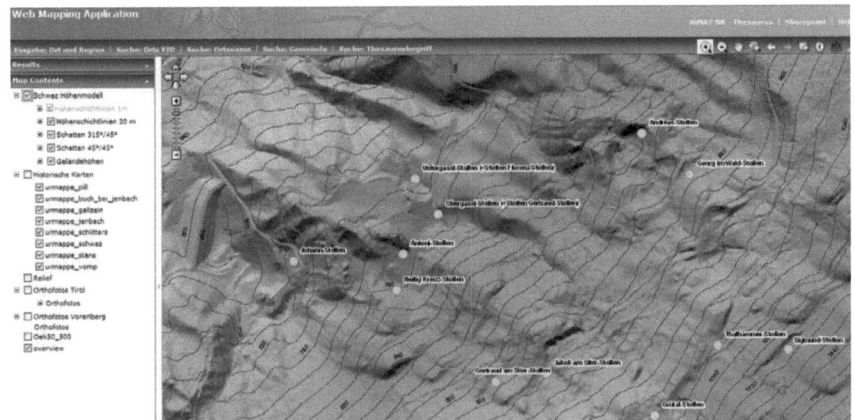

Abbildung 45: Web GIS zur detaillierten Qualitätskontrolle der Ortseingabe

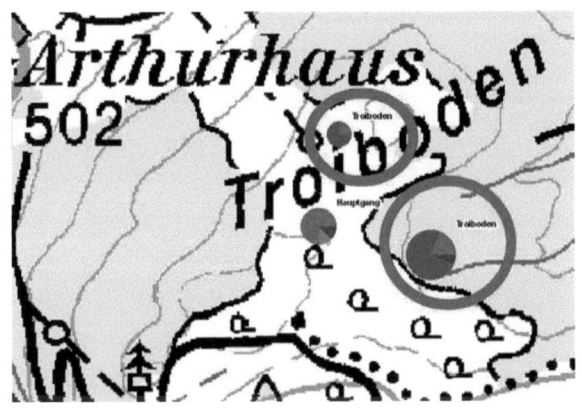

Abbildung 46: Doppeleingabe und falsche Zuweisungen für den Fundort Troiboden

Dann wurde der exakte Fundort in das GIS eingegeben, aber es blieben die bereits eingegebenen Forschungshandlungen dem „Troiboden" aus der ÖK50 zugeordnet. Eine Vorgangsweise, die solche Fehler ausschließt, besteht darin, zuerst ein *Materielles Merkmal* für den „Ausgrabungsplatz Troiboden" anzulegen. Dann wird dem *Ort* „Troiboden" aus der ÖK 50 dieses *Materielle Merkmal* zugeordnet und etwaige *Forschungshandlungen* werden dem *Materiellen Merkmal* „Ausgrabungsplatz Troiboden" zugeordnet. Sobald exaktere Koordinaten für den Fundort „Troiboden" existieren, wird die Zuordnung zwischen dem *Materiellen Merkmal* des Ausgrabungsplatzes und dem *Ort*

„Troiboden" aus der ÖK aufgelöst und eine neue Zugeordnung zu dem Fundort „Troiboden" hergestellt. Mit dieser Methode bleiben alle *Forschungshandlungen* zusammen an dem aktuell bekannten Ort und sind in ihrer Gesamtheit über das *Materielle Merkmal* „Ausgrabungsplatz Troiboden" aufrufbar.

Eine abschließende Kontrolle bezieht sich auf die Zuordnung zwischen den Objekten. Es geht um die Frage, über welche Objekte wurde eine *Forschungshandlung* indirekt einem *Ort* zugewiesen? Um diese Zuordnungen zu überprüfen, wird das Datenbankinterface mit seinem Baumdiagramm herangezogen (Abbildung 47).

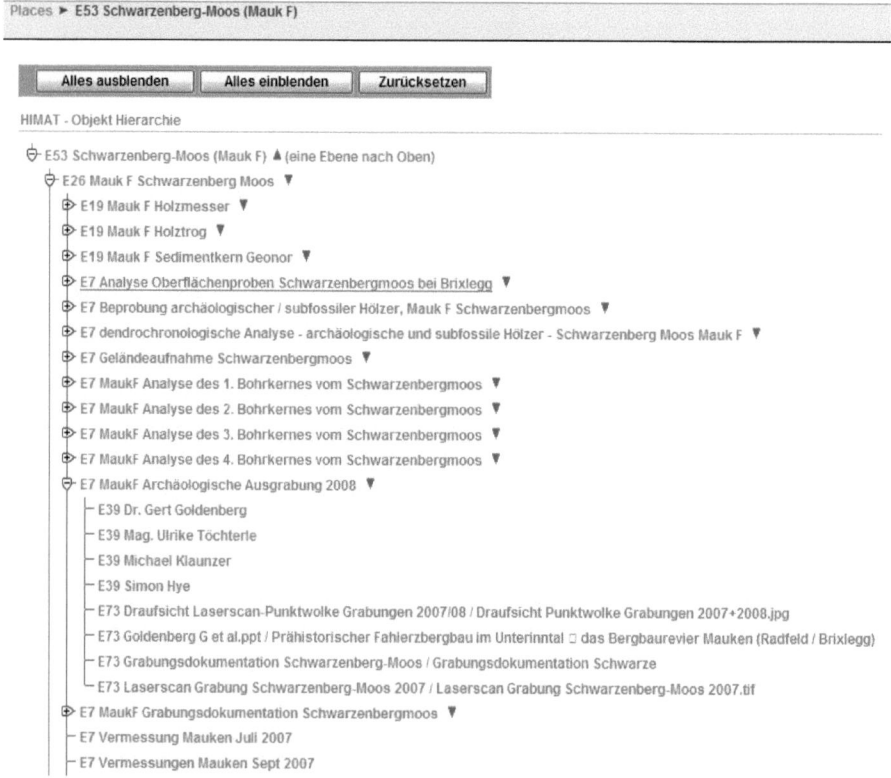

Abbildung 47: Datenbankinterface mit Baumdiagramm für den *Ort* „Schwarzenberg Moos (Mauk F)"

5.6.4 Ergebnisse: Tabellen, Web GIS, Datenbank und Präsentationskarte

Nach der Dateneingabe und Qualitätskontrolle können die Auswertungsergebnisse präsentiert werden. Die korrigierten Listen aus der Qualitätskontrolle ergeben tabellarische Auswertungen. In Abbildung 48 sind die *Forschungshandlungen* für die *Orte* „Mauk A" und „Schwarzenberg Moos Mauk F" dargestellt. Im Anhang B (Kapitel 9.7) wird näher auf die Basisliste eingegangen und ihre Erzeugung dokumentiert.

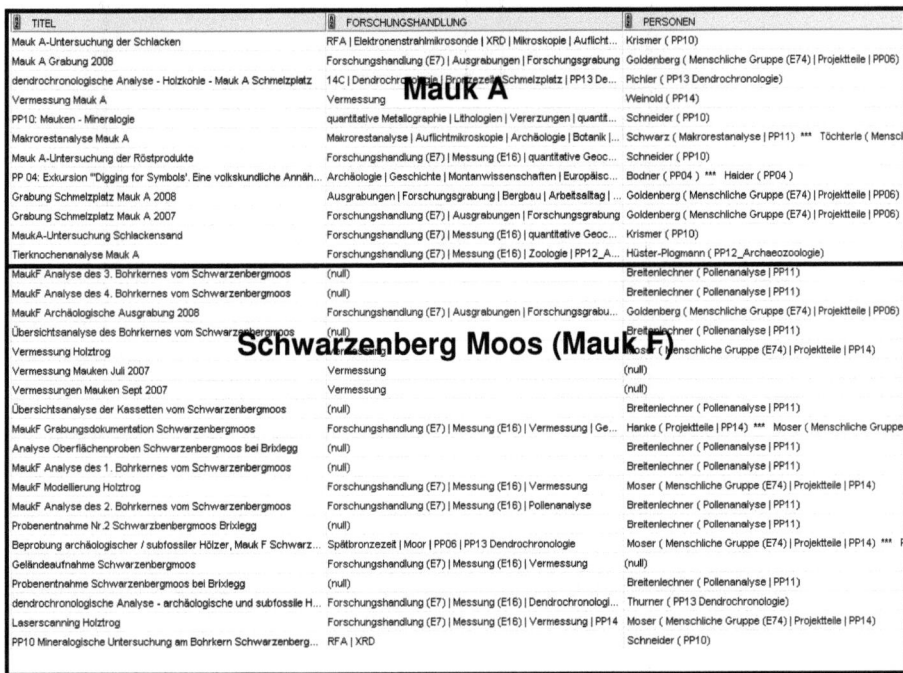

Abbildung 48: Forschungshandlungen für die *Orte* „Mauk A" und „Schwarzenberg Moos (Mauk F)"

Im Web GIS werden für jeden *Ort*, die an diesem Platz stattgefundenen *Forschungshandlungen*, in Form von Tortendiagrammen angezeigt (Abbildung 49). Dabei entspricht die Größe des Kreises der Anzahl von *Forschungshandlungen* an jenem *Ort*, während die farbliche Aufteilung innerhalb der Torten, die Anteile der einzelnen Projektteile widerspielgelt.

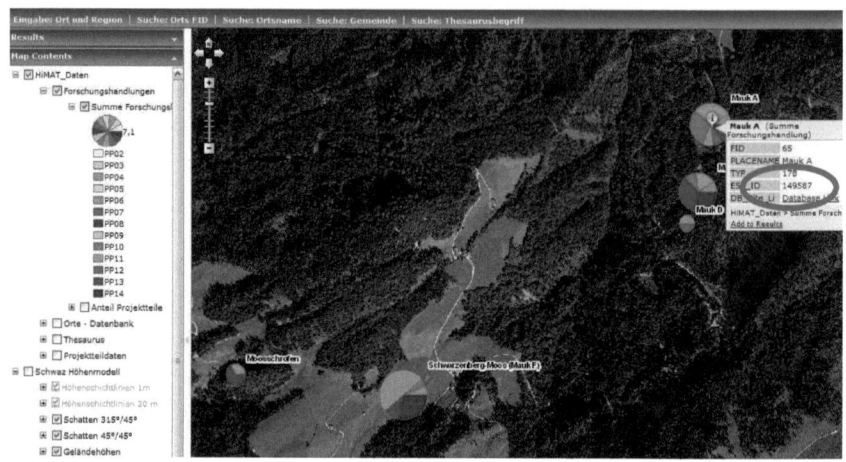

Abbildung 49: Forschungshandlungen als Tortendiagramme im Web GIS für den Bereich Mauken

Die Datenbankabfrage für diese Auswertung basiert auf der vorher generierten Basisliste und ist in Anhang B (Kapitel 9.7.4) angeführt. In Abbildung 49 sind die *Forschungshandlungen* im Bereich Mauken mit Tortendiagrammen im Web GIS dargestellt. Über die Web GIS Benutzerschnittstelle kann direkt auf die für einen *Ort* vorhandenen Objekte zugegriffen werden, die dann in der Baumansicht des Datenbankinterfaces angezeigt werden. Abbildung 50 zeigt diese Ansicht für den *Ort* „Mauk A". Hier ist auch der Zugriff auf möglicherweise vorhandene *Informationsgegenstände* möglich wie die in diesem Beispiel angeführten Tierknochenanalysen.

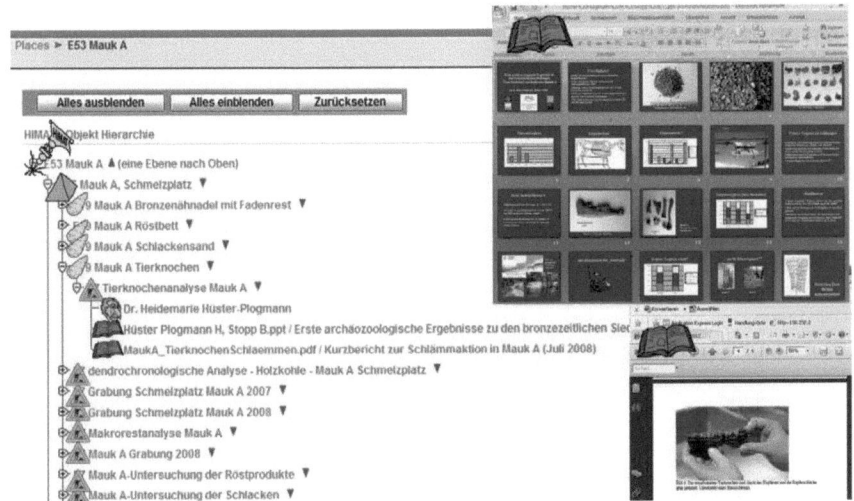

Abbildung 50: Baumansicht des Datenbankinterfaces für den Ort „Mauk A"

In Abbildung 51 haben wir die Daten in eine Karte der Größe A1 eingearbeitet, um die Zusammenarbeit an Forschungsplätzen zu visualisieren. In der linken oberen Ecke ist eine Übersichtskarte platziert. Die Hauptkarte deckt den Bereich „Schwaz – Brixlegg" ab, der hier von Innsbruck bis Mauken reicht. Für das Montafon und den Mitterberg wurden kleine Kartenausschnitte gewählt, um die dortigen Forschungshandlungen zu visualisieren. Eine Legende erklärt Tortendiagramme, ihre Farbkodierung und Größenverhältnisse.

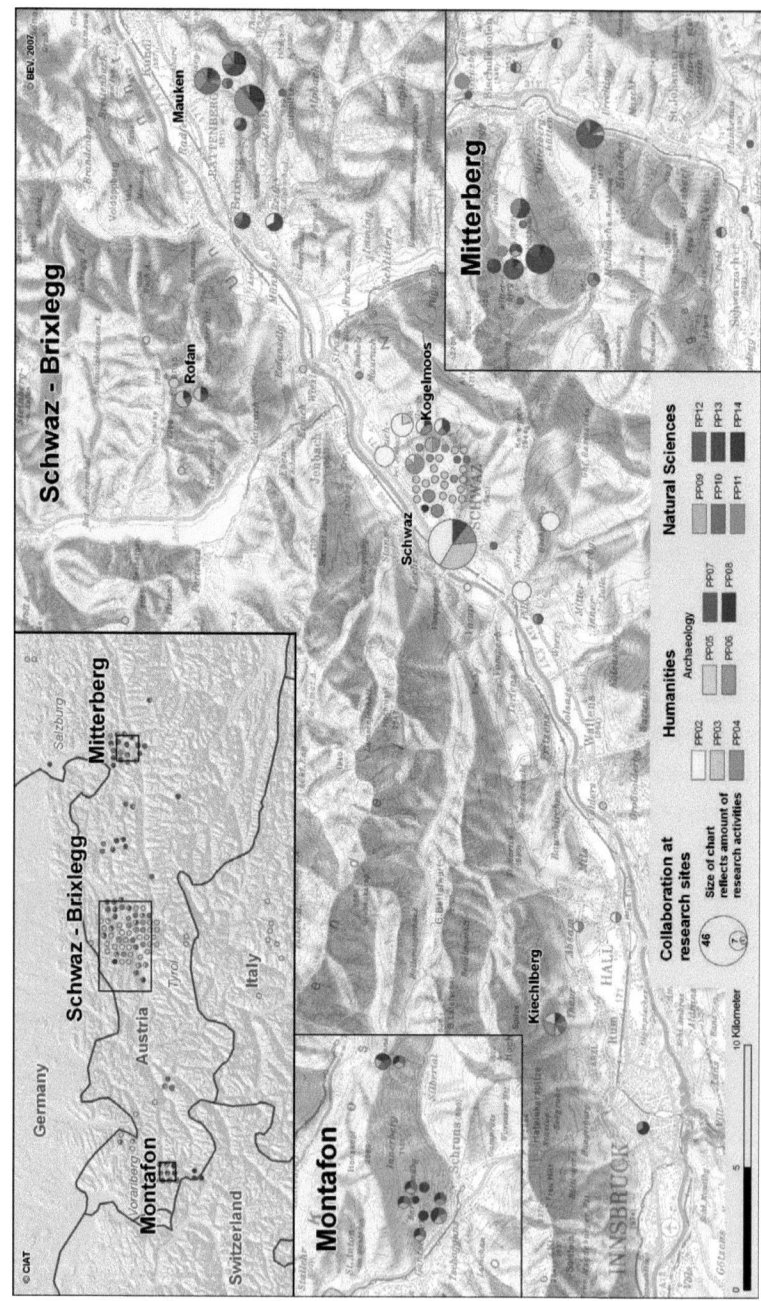

Abbildung 51: Präsentationskarte „Zusammenarbeit an Forschungsplätzen"

5.6.5 Mehrwert ontologischer Daten für weitere Auswertungen

Mit dieser Methode konnte, durch die Eingabe der Daten zur Präsentation der Forschungshandlungen, eine Datenbasis geschaffen werden, die weitere Auswertungen stark vereinfacht und die Eingabe der notwendigen Daten sehr effizient ermöglicht. Sollen beispielsweise Ausgrabungsplätze (*Materielle Merkmale*) oder Fundgegenstände (*Materielle Gegenstände*) nach den verwendeten *Materialien* ausgewertet werden, so ist es nur mehr notwendig, zu kontrollieren, welchen Ausgrabungsplätzen oder Fundgegenständen noch kein *Material* als Typusinformation zugeordnet wurde. Die notwendigen Ergänzungen sind durchzuführen, soweit sie noch nicht eingegeben wurden. In Abbildung 52 wird das *Material* „Fahlerz" dem *Materiellen Merkmal* „Mauk F Schwarzenberg Moos" als Typusinformation zugeordnet und dem *Materiellen Gegenstand* „Holztrog" die Typusinformation „Holz".

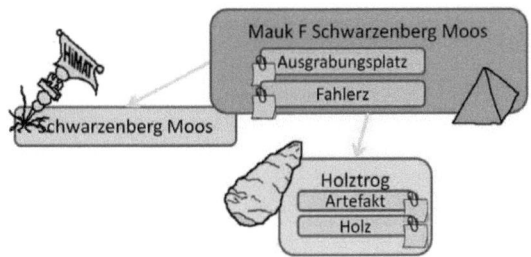

Abbildung 52: Erweiterung der Abfragemöglichkeiten über das Hinzufügen von Typusinformation

Es sind nur mehr jene Schritte der Qualitätskontrolle durchzuführen, die sich auf die Zuweisung der Typusinformation von *Material* beziehen, dann kann eine ähnliche Tortendiagrammgraphik die an den untersuchten Orten verwendeten *Materialen* darstellen. Es ist kaum mehr notwendig *Orte*, *Materielle Merkmale* oder *Materielle Gegenstände* einzugeben, da diese Informationen größtenteils schon in der Dateneingabe zu den Forschungshandlungen erfasst wurden.

Der nächste Schritt ist die Eingabe und Auswertung von Informationsgegenständen. Sie müssen einmal richtig zu den Forschungshandlungen, die sie erzeugt haben, zugeordnet werden. Für die gewünschte Auswertung ist wieder die Eingabe der entsprechenden *Typusinformation* notwendig (Abbildung 53). Der Vorteil dieser Methode der Zuordnung von Informationen ist die Möglichkeit unterschiedliche, möglicherweise auch divergierende

Informationen an ein Objekt anzuhängen. Die dendrochronologische Auswertung hat beispielsweise für den Holztrog eine Datierung in die Spätbronzezeit ergeben. Eine ebenfalls durchgeführte C^{14} Analyse könnte ein anderes Ergebnis gebracht haben. Werden diese Ergebnisse den sie enthaltenen Informationsgegenständen zugeordnet, können beide Ergebnisse parallel in der Datenbank existieren. Es wäre auch möglich, die Datierung an die Forschungshandlung anzuhängen, auch dann wäre eine Doppelexistenz beider Ergebnisse möglich. Da aber die Details einer Analyse meist in einem Informationsgegenstand wie einem Bericht oder einem Diagramm beinhaltet sind, ist es sinnvoller, eine eigene Instanz für den Informationsgegenstand einzuführen und diesen auch gesondert abzuspeichern, in unserem Fall im Content Management System. Das ermöglicht die Nachvollziehbarkeit der Ergebnisse. Auch dieses Beispiel illustriert wie entscheidend Richtlinien für die Dateneingaben sind.

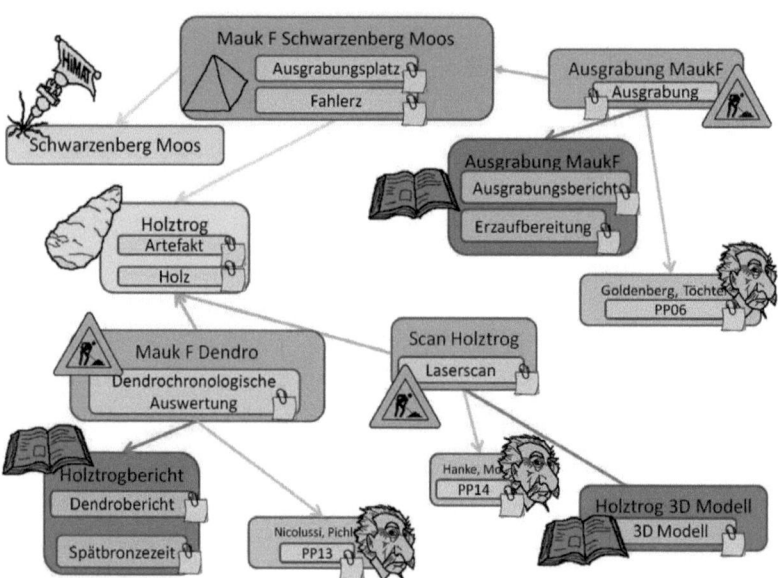

Abbildung 53: Hinzufügen von *Informationsgegenständen* mit *Typus*

6 Zusammenfassung und Schlussfolgerungen

Im Zuge dieser Arbeit wurde eine Methodik und Umsetzung zur Datenintegration für interdisziplinäre Forschung im Kontext der Archäologie und Kulturgutdokumentation entwickelt. Basierend auf der Aufgabenstellung des interdisziplinären Spezialforschungsbereiches HiMAT werden die Schritte der Methodik und der Umsetzung exemplarisch dargestellt. Darüber hinaus wird einleitend der Frage nachgegangen, was Wissen für unterschiedliche wissenschaftliche Disziplinen bedeutet und wie es generiert wird. Für die Dokumentation und Modellierung dieses Wissens wird die zur Kulturgutdokumentation entwickelte formale Ontologie des CIDOC CRM eingesetzt. Das vorgestellte ontologische Modell ermöglicht die Dokumentation der Forschungsergebnisse des SFB HiMAT in einer Struktur, die den Zugriff auf die einzelnen erforschten Objekte gestattet. Ein entscheidendes Kriterium ist, dass die Identität der Objekte innerhalb des Modells eindeutig ist und somit alle Forschungsergebnisse, die sich auf ein Objekt beziehen zur Verfügung stehen. Durch die Einführung der Forschungshandlung als eigenes Objekt kann die Entstehung der Ergebnisse nachvollzogen und dokumentiert werden und falls Fragen auftauchen, kann auf die beteiligten Personen zurückgegriffen werden. Die Interpretation von Beobachtungen kann als eigene Forschungshandlung abgebildet werden und damit ist die klare Trennung von Beobachtung (oder Messung) und Interpretation möglich. Durch diese Struktur kann auch die Abbildung sich widersprechender Forschungsergebnisse wie beispielsweise unterschiedliche Datierungen durch verschiedene Methoden erfolgen.

Die Implementierung der ontologisch strukturierten Daten erfolgt in einer Systemarchitektur, die es über den Einsatz von Geoinformationssystemen erlaubt, die dokumentierten Forschungen, Datenquellen und Ergebnisse in ihrem räumlichen Kontext darzustellen und zu analysieren. Ein konkretes Beispiel zeigt die Herausforderungen einer ontologischen Datenstruktur, die es notwendig machen Richtlinien für die Dateneingabe zu erarbeiten, um konkrete Auswertungen zu ermöglichen. Der Mehrwert liegt in der Möglichkeit zur Abbildung einer komplexen Realität, ohne die in anderen Datenmodellen oft durchgeführten Vereinfachungen zur Lösung einer bestimmten Aufgabenstellung. Bereits eingegebene Daten können für alternative Aufgabenstellungen herangezogen werden, ohne das Datenmodell verändern zu müssen. Der Aufwand für das Verständnis der Ontologie wird durch den geringeren Modellierungsaufwand für ein Datenmodell kompensiert.

Die entwickelte Methodik in Kombination mit der bestehenden Implementierung kann für interdisziplinäre Projekte aus dem Bereich Archäologie und Kulturgutdokumentation eingesetzt werden. Die Anpassung des Thesaurus auf die individuellen Projektbedürfnisse ist ein notwendiger Schritt. Der Einsatz bestehender Thesauri, wenn möglich standardisierter, ist hier sicher die zu bevorzugende Lösung. Der Thesaurus sollte in die verwendete Ontologie eingepasst werden um eine konsistente Wissensrepräsentation zu gewährleisten.

In Bezug auf einen Datenaustausch im Kulturgutbereich, ist die Verwendung einer standardisierten Ontologie der erste grundlegende Schritt, aber die in diesem Projekt gesammelten Erfahrungen haben gezeigt, dass eine Standardisierung von Thesauri und Richtlinien für die Datenmodellierung folgen müssen, um Interoperabilität zwischen unterschiedlichen Datenproduzenten zu ermöglichen.

7 Literaturverzeichnis

BAUMEIER, ST., KOECK C. BEGAND CH (2008), OSCAR – A Web-based Multimedia Communication System for Interdisciplinary Settlement Research: Spatial & Temporal Data Organization, Manipulation & Visualization. In: POSLUSCHNY, A. , LAMBERS, K., HERZOG I.(Editors), Layers of Perception, Proceedings CAA Berlin 2007, Bonn, Dr. Rudolf Habelt GmbH, ISBN 978-3-7749-3556-3

BRINKHOFF, T. (2008), Geodatenbanksysteme in Theorie & Praxis, 2.Aufl., Wichmann, Heidelberg, ISBN 978-3-87907-472-3

CHWH (2011) chwh - The Cultural History of the Western Himalaya, http://www.univie.ac.at/chwh/

CRIPPS, P., A. GREENHALGH, D. FELLOWS, K. MAY AND D. ROBINSON (2004), Ontological Modelling of the work of the Centre for Archaeology CIDOC CRM Mappings, Specializations and Data Examples http://cidoc.ics.forth.gr/docs/Ontological_Modelling_Project_Report_%20Sep2004.pdf (18.2.2010)

CROFTS, N., M. DOERR, T. GILL, ST. STEAD AND M.STIFF (eds.) (2009), Definition of the CIDOC Conceptual Reference Model Version 5.0.1 Official Release of the CIDOC CRM, http://cidoc.ics.forth.gr/official_release_cidoc.html (8.2.2010)

DAI (2011), DAI Deutsches Archäologisches Institut, http://www.dainst.org/de?ft=all (27.6.2011)

DONEUS, M. AND BRIESE, C., (2006). Digital terrain modelling for archaeological interpretation within forested areas using full-waveform laserscanning. In: M. IOANNIDES, D. ARNOLD, F. NICCOLUCCI AND K. MANIA (Editors), The 7th International Symposium on Virtual Reality, Archaeology and Cultural Heritage VAST (2006), pp. 155-162.

EGENHOFER, M., FRANK, A. (1992), Object-Oriented Modeling for GIS. In: URISA Journal 4(2), S.3-19

FENSEL, D. (2004), Ontologies: A Silver Bullet for Knowledge Management and. Electronic Commerce, Springer-Verlag. ISBN: 978-3-540-00302-1

FRANK, A. (2005), An Empirical Ontology for GIS (Draft), Institute for Geoinformation. Vienna, Technical University Vienna

FRANK, A. (2010), What is the use of ontologies concerning organizing data in multidisciplinary projects? In: ANREITER, P.; GOLDENBERG, G.; HANKE, K.; KRAUSE, K.; LEITNER, W.; MATHIS, F.; NICOLUSSI, K.; OEGGL, K.; PERNICKA, E.; PRAST, M.; SCHIBLER, J.; SCHNEIDER, I.; STADLER, H.; STÖLLNER, T.; TOMEDI, G.; TROPPER, P. (Editors): Mining in European History and its Impact on Environment and Human Societies -- Proceedings for the 1st Mining in European History-Conference of the SFB HiMAT, 12.-15. November 2009, Innsbruck. ISBN 978-3-902719-69-0.

GRUBER, T. R., (1993), A translation approach to portable ontologies. In: Knowledge Acquisition, 5 (2), Seite 199–220

GUARINO, N. (1996), Understanding, Building, And Using Ontologies, http://ksi.cpsc.ucalgary.ca/KAW/KAW96/guarino/guarino.html (9.2.2010)

GÖRZ, G., ROLLINGER, C.-R., SCHNEEBERGER, J. (Editors) (2003), Handbuch der künstlichen Intelligenz 4. Auflage, München: Oldenbourg, ISBN 3486272128

GÖRZ, G.; SCHIEMANN, B.; OISCHINGER, M. (2008), An Implementation of the CIDOC Conceptual Reference Model (4.2.4) in OWL-DL. DELIVORRIAS, ANGELOS (Editors) : Proceedings CIDOC 2008 --- The Digital Curation of Cultural Heritage.

HANKE, K., (2007), Contribution of Laser Scanning, Photogrammetry and GIS to an Interdisciplinary Special Research Program on the History of Mining Activities (SFB HIMAT). In: ISPRS International Archives of Photogrammetry, Remote Sensing and Spatial Information Sciences. Vol. XXXVI-5/C53 (ISSN 1682-1750) and The CIPA International Archives for Documentation of Cultural Heritage Vol. XXI (ISSN 0256-1840), pp. 366-370

HANKE K., G. HIEBEL, K. KOVACS AND M. MOSER (2009), Surveying and Geoinformation - Contributions to an Interdisciplinary Special Research Program on the History of Mining Activities. 22nd CIPA Symposium, October 11-15, 2009, Kyoto, Japan. The ISPRS International Archives of Photogrammetry, Remote Sensing and Spatial Information Sciences and The CIPA International Archives for Documentation of Cultural Heritage Vol. XXII- 2009 (ISSN 2076-7730)

HANKE, K. AND HIEBEL, G. (2009), Wissensorganisation und ihre raumbezogene Umsetzung in einem interdisziplinären Projekt. In: CHESI, WEINOLD (Hrsg.) "15.Internationale Geodätische Woche Obergurgl 2009". Wichmann-Verlag. ISBN 978-3-87907-485-3

HANKE K., HIEBEL G., KOVACS K. AND MOSER M. (2010) Documentation Challenges in an International and Interdisciplinary Research Project. Proceedings of the ISPRS Commission V Midterm-Symposium in Newcastle upon Thyne, UK (in print)

HIEBEL, G. AND HANKE, K. (2008), Web-GIS gestütztes Datenmanagement im interdisziplinären Spezialforschungsbereich HiMAT. In: Museen der Stadt Wien - Stadtarchäologie (Hrsg.), Workshop 13 – Archäologie und Computer 2008. Phoibos wien. ISBN 978-3-85161-016-1

HIEBEL, G. AND HANKE, K. , (2009a), Datenmodellierung und Systemarchitektur in einem GIS-gestützten interdisziplinären Forschungsprojekt In: STROBL, J. et al. (Editors), Angewandte Geoinformatik 2009. Heidelberg, Wichmann, ISBN 978-3-87907-480-8

HIEBEL G. AND HANKE, K. (2009b), Implementierung der HiMAT-Metadatenstruktur. In: Klaus Oeggl und Mario Prast (Hrsg.): Die Geschichte des Bergbaus in Tirol und seinen angrenzenden Gebieten - Proceedings zum 3. Milestone-Meeting des SFB HiMAT vom 23.-26.10.2008 in Silbertal Innsbruck University Press, 2009.

HIEBEL, G., HANKE, K. AND HAYEK, I., (2010a), Methodology for CIDOC CRM Based Data Integration with Spatial Data. In: MELERO, F. J., CANO P. AND REVELLES J. (Eds) Fusion of Cultures. Abstracts of the XXXVIII Annual Conference on Computer Applications and Quantitative Methods in Archaeology, CAA2010. ISBN: 978-84-693-0772-4

HIEBEL, G., K. HANKE AND I. HAYEK (2010b) Räumliches Informationssystem auf Grundlage einer ontologiebasierten Datenstruktur für interdisziplinäre Forschung. In: DGPF Tagungsband Dreiländertagung D-A-CH 2010 wien

HIEBEL G., K. HANKE AND I. HAYEK (2010c), GIS supported implementation of ontology based data management for multidisciplinary research. In: ANREITER, P.; GOLDENBERG, G.; HANKE, K.; KRAUSE, K.; LEITNER, W.; MATHIS, F.; NICOLUSSI, K.; OEGGL, K.; PERNICKA, E.; PRAST, M.; SCHIBLER, J.; SCHNEIDER, I.; STADLER, H.; STÖLLNER, T.; TOMEDI, G.; TROPPER, P. (Editors): Mining in European History and its Impact on Environment and Human Societies -- Proceedings for the 1st Mining in European History-Conference of the SFB HiMAT, 12.-15. November 2009, Innsbruck. ISBN 978-3-902719-69-0.

HIEBEL, G. AND K. HANKE (2010d), Concept for an Ontology Based Web GIS Information System for HiMAT. In: ERZSÉBET JEREM-FERENC REDO"-VAJK SZEVERÉNYI (Editors): CAA2008. On the Road to Reconstructing the Past. Proceedings of the 36th Annual

Conference on Computer Applications and Quantitative Methods in Archaeology. Budapest, 2-6 April 2008. Budapest, 2010.

HIMAT ABSTRACT (2008), Spezialforschungsbereich (SFB) HiMAT, http://www.uibk.ac.at/himat/abstract/ (26.7.2011)

HIMAT STRUKTUR (2008), Spezialforschungsbereich (SFB) HiMAT, http://www.uibk.ac.at/himat/pps/ (26.7.2011)

HOLMEN, J., C.-E ORE, O. EIDE (2004), Documenting two histories at once: Digging in archaeology. In: CAA 2003 Wien Proceedings, Archaeopress, England, ISBN 1841715921

HOLMEN, J. AND C.-E. ORE (2010), Digitization of Archaeology - Is it worth while?. In: ERZSÉBET JEREM-FERENC REDO"-VAJK SZEVERÉNYI (Editors): CAA2008. On the Road to Reconstructing the Past. Proceedings of the 36th Annual Conference on Computer Applications and Quantitative Methods in Archaeology. Budapest, 2-6 April 2008. Budapest, 2010.

ISO (2006), Information and Documentation - A reference ontology for the interchange of cultural heritage information ISO 21127:2006 International Organization for Standardization. http://www.iso.org/iso/iso_catalogue/catalogue_tc/catalogue_detail.ht m?csnumber=3442 (accessed 12.2.2010)

KORDUAN, P. AND M. ZEHNER (2008), Geoinformation im Internet. Wichmann, Heidelberg, ISBN 978-3-87907-456-3

KRAUSE, S. AND K.H. LAMPE (2009), CIDOC-CRM aus der Museums-Perspektive. Interconnected data worlds. Workshop on the implementation of CIDOC-CRM. Berlin 2009 .http://www.dainst.org/medien/de/workshop_cidoc-crm_abstracts_20091110.pdf

KUHN, TH., (1967), Die Struktur wissenschaftlicher Revolutionen, Frankfurt a. M., Suhrkamp

KUMMER, R. (2010), Archaeology and the Semantic Web—Prospects and Challenges. In: FRISCHER, B.; WEBB CRAWFORD, J.; KOLLER, D.(Eds.), Proceedings of the 37th International Conference,Williamsburg, Virginia, United States of America, March 22-26, 2009, Archaeopress, Oxford, ISBN 978-1-4073-0556-1

LANG, M. (2009), ArcheoInf—Allocation of Archaeological Primary Data. In: FRISCHER, B.; WEBB CRAWFORD, J.; KOLLER, D.(Eds.), CAA 2009 Program and Abstracts,

Williamsburg, Virginia, United States of America, March 22-26, 2009, The Colonial Williamsburg Foundation

LAUTH, B., SAREITER, J. (2005), Wissenschaftliche Erkenntnis, Eine ideengeschichtliche Einführung in die Wissenschaftstheorie, Paderborn, mentis

LIEBERWIRTH, U., (2010), TOPOI 2.0 – a Virtual Research Environment for Academics. In: MELERO, F. J., CANO P. AND REVELLES J. (Eds) Fusion of Cultures. Abstracts of the XXXVIII Annual Conference on Computer Applications and Quantitative Methods in Archaeology, CAA2010. ISBN: 978-84-693-0772-4

MAY, K. (2010a), A STAR is born: some emerging Semantic Technologies for Archaeological Resources. In: ERZSÉBET JEREM-FERENC REDO"-VAJK SZEVERÉNYI (Editors): CAA2008. On the Road to Reconstructing the Past. Proceedings of the 36th Annual Conference on Computer Applications and Quantitative Methods in Archaeology. Budapest, 2-6 April 2008. Budapest, 2010.

MAY, K., C. BINDING AND D. TUDHOPE (2010b), Following a STAR? Shedding More Light on Semantic Technologies for Archaeological Resources . In: FRISCHER, B.; WEBB CRAWFORD, J.; KOLLER, D.(Eds.), Proceedings of the 37th International Conference,Williamsburg, Virginia, United States of America, March 22-26, 2009, Archaeopress, Oxford, ISBN 978-1-4073-0556-1

MEYER, E., GRUSSENMEYER, P. PERRIN J.P., DURAND, A., DRAP, P. (2008), A Virtual Research Environment for Archaeological Data Management, Visualization and Documentation. In: POSLUSCHNY, A. , LAMBERS, K., HERZOG I.(Editors), Layers of Perception, Proceedings CAA Berlin 2007 Kolloquien zur Vor- und Frühgeschichte, Vol. 10, Bonn, Dr. Rudolf Habelt GmbH, S.179-185.

MISCHKE, A. (2009), ArcheoInf – Web GIS-gestützte Bereitstellung archäologischer Primärdaten. In: CHESI G., WEINOLD T. (Hrsg.), 15. Internationale Geodätische Woche Obergurgl 2009, Heidelberg, Wichmann

OGC INC. (2004), OGC Web Map Service Interface, http://www.opengeospatial.org/standards/wms (8.2.2010)

OGC INC. (2005), Web Feature Service Implementation Specification, http://www.opengeospatial.org/standards/wfs (8.2.2010)

OGC INC. (2006), OpenGIS® Implementation Specification for Geographic information - Simple feature access - Part 2: SQL option, http://www.opengeospatial.org/standards/sfs (8.2.2010)

PIRKL, H., (1955-1958), Geologische Karte des Trias-Streifens (einschl. des Schwazer Dolomits) von Schwaz bis Wörgl südl. des Inn. Abg. und gezeichnet von Herwig Pirkl 1955-1958 1:10000, Blatt1 Schwaz. Digitalisiert von Gerhard Rampl

POSER, H. (2001), Wissenschaftstheorie, Eine philosophische Einführung, Stuttgart, Reclam

SARRIS A., VALLIANATOS F., GEORGILA K., KARATHANASI V., KOKKINAKI L., LAZARIDOU O., MERTIKAS ST., PAPADAKIS G., PAPADOPOULOS N., PAPAZOGLOU M., PIRINTSOS ST., SAVVAIDIS A., SOUPIOS P., TRIGKAS , V., FASSOULAS CH. (2008), A Web-GIS Approach to Cultural Resources Management in Crete:the Digital Archaeological Atlas of Crete. In: POSLUSCHNY, A. , LAMBERS, K., HERZOG I.(Eds.), Layers of Perception, Proceedings CAA Berlin 2007, Bonn, Dr. Rudolf Habelt GmbH, ISBN 978-3-7749-3556-3

SCHAICH, M. (2002), Computergestützte Grabungsdokumentation im Netzwerk aus elektronischer Vermessung, Fotogrammetrie, CAD und Datenbanken. In: W. BÖRNER (Hrsg.), Archäologie und Computer 2000. Workshop 4 Phoibos wien

SCHÄFER, F. AND KOMP R. (2009), iDAI.field and More—Documenting Field Projects at the German Archaeological Institute (DAI). In: FRISCHER, B.; WEBB CRAWFORD, J.; KOLLER, D.(Eds.), CAA 2009 Program and Abstracts, Williamsburg, Virginia, United States of America, March 22-26, 2009, The Colonial Williamsburg Foundation

SCHOBESBERGER, D. (2008), CHIS-Kulturhistorisches Informationssystem für den Westlichen Himalaya, In: STROBL, J. et al. (Hrsg.): Angewandte Geoinformatik 2008. Heidelberg, Wichmann.

STAR (2011) 2.1.4 STAR - Semantic Technologies for Archaeological Resources http://hypermedia.research.glam.ac.uk/kos/star/ (26.7.2011)

STELLAR (2011) STELLAR - Semantic Technologies Enhancing Links and Linked data for Archaeological Resources http://hypermedia.research.glam.ac.uk/kos/STELLAR (26.7.2011)

THEIMER, W. (1985), Was ist Wissenschaft? Praktische Wissenschaftslehre, Tübingen, Francke

TOPOI (2011), TOPOI - The Formation and Transformation of Space and Knowledge in Ancient Civilizations, http://www.topoi.org/ (27.6.2011)

8 Anhang A: Wissensrepräsentation

8.1 CIDOC-CRM Klassen und Eigenschaften

8.1.1 Klassenhierarchie

Die fett markierten Klassen werden in der aktuellen Wissensrepräsentation von HiMAT eingesetzt.

E1						E1 CRM Entität
E2	-					E2 Geschehendes
E3	-	-				E3 Zustandsphase
E4	-	-				E4 Phase
E5	-	-	-			**E5 Ereignis**
E7	-	-	-	-		**E7 Handlung**
E8	-	-	-	-	-	E8 Erwerb
E9	-	-	-	-	-	E9 Objektbewegung
E10	-	-	-	-	-	E10 Übertragung des Gewahrsams
E11	-	-	-	-	-	E11 Bearbeitung
E12	-	-	-	-	-	E12 Herstellung
E79	-	-	-	-	-	E79 Teilhinzufügung
E80	-	-	-	-	-	E80 Teilentfernung
E13	-	-	-	-	-	E13 Merkmalszuweisung
E14	-	-	-	-	-	E14 Zustandsfeststellung
E15	-	-	-	-	-	E15 Kennzeichenzuweisung
E16	-	-	-	-	-	**E16 Messung**
E17	-	-	-	-	-	E17 Typuszuweisung
E65	-	-	-	-	-	E65 Begriffliche Schöpfung
E83	-	-	-	-	-	E83 Typuserfindung
E66	-	-	-	-	-	E66 Gruppenbildung
E85	-	-	-	-	-	E85 Beitritt
E86	-	-	-	-	-	E86 Austritt
E87	-	-	-	-	-	E87 Kuratorische Handlung
E63	-	-	-	-		E63 Daseinsbeginn
E67	-	-	-	-		E67 Geburt
E81	-	-	-	-		E81 Umwandlung
E12	-	-	-	-		E12 Herstellung
E65	-	-	-	-		E65 Begriffliche Schöpfung
E83	-	-	-	-	-	E83 Typuserfindung
E66	-	-	-	-		E66 Gruppenbildung
E64	-	-	-	-		E64 Daseinsende
E6	-	-	-	-		E6 Zerstörung
E68	-	-	-	-		E68 Gruppenauflösung
E69	-	-	-	-		E69 Tod
E81	-	-	-	-	-	E81 Umwandlung

Tabelle 7: Klassenhierarchie des CIDOC CRM (E1CRM Entität bis E81 Umwandlung)

E77	-							E77 Seiendes
E70	-	-						E70 Sache
E72	-	-	-					E72 Rechtsobjekt
E18	-	-	-	-				E18 Materielles
E19	-	-	-	-	-			**E19 Materieller Gegenstand**
E20	-	-	-	-	-	-		**E20 Biologischer Gegenstand**
E21	-	-	-	-	-	-	-	**E21 Person**
E22	-	-	-	-	-	-		**E22 Künstlicher Gegenstand**
E84	-	-	-	-	-	-	-	E84 Informationsträger
E24	-	-	-	-	-			E24 Hergestelltes
E22	-	-	-	-	-	-		**E22 Künstlicher Gegenstand**
E84	-	-	-	-	-	-	-	E84 Informationsträger
E25	-	-	-	-	-	-		**E25 Hergestelltes Merkmal**
E78	-	-	-	-	-	-		E78 Sammlung
E26	-	-	-	-	-			**E26 Materielles Merkmal**
E27	-	-	-	-	-	-		E27 Gelände
E25	-	-	-	-	-	-		**E25 Hergestelltes Merkmal**
E90	-	-		-	-			E90 Sinnbild
E73	-	-	-	-	-			**E73 Informationsgegenstand**
E29	-	-	-	-	-			E29 Entwurf oder Verfahren
E31	-	-	-	-	-			E31 Dokument
E32	-	-	-	-	-	-		E32 Referenzdokument
E33	-	-	-	-	-			E33 Sprachlicher Gegenstand
E34	-	-	-	-	-	-		E34 Inschrift
E35	-	-	-	-	-	-		E35 Titel
E36	-	-	-	-	-			E36 Bildliches
E37	-	-	-	-	-	-		E37 Marke
E34	-	-	-	-	-	-	-	E34 Inschrift
E38	-	-	-	-	-	-		E38 Bild
E41	-	-	-	-	**E41 Benennung**			
E42	-	-	-	-	-			E42 Objektkennung
E44	-	-	-	-	**E44 Ortsbenennung**			
E45	-	-	-	-	-			E45 Adresse
E46	-	-	-	-	-			E46 Abschnittsdefinition
E47	-	-	-	-	-			**E47 Raumkoordinaten**
E48	-	-	-	-	-			**E48 Orts- oder Flurname**
E49	-	-	-	-	**E49 Zeitbenennung**			
E50	-	-	-	-	-			E50 Datum
E75	-	-	-	-	-			E75 Begriff- oder Konzeptbenennung
E82	-	-	-	-	E82 Akteurbenennung			
E51	-	-	-	-	-			E51 Kontaktpunkt
E45	-	-	-	-	-			E45 Adresse
E35	-	-	-	-	-			E35 Titel

Tabelle 8: Klassenhierarchie des CIDOC CRM (E77 Seiendes bis E35 Titel)

E71	-	-	-	E71 Künstliches			
E24	-	-	-	-	E24 Hergestelltes		
E22	-	-	-	-	-	E22 Künstlicher Gegenstand	
E84	-	-	-	-	-	-	E84 Informationsträger
E25	-	-	-	-	-	E25 Hergestelltes Merkmal	
E78	-	-	-	-	E78 Sammlung		
E28	-	-	-	**E28 Begrifflicher Gegenstand**			
E90	-	-	-	-	E90 Sinnbild		
E73	-	-	-	-	**E73 Informationsgegenstand**		
E29	-	-	-	-	-	E29 Entwurf oder Verfahren	
E31	-	-	-	-	-	E31 Dokument	
E32	-	-	-	-	-	-	E32 Referenzdokument
E33	-	-	-	-	-	E33 Sprachlicher Gegenstand	
E34	-	-	-	-	-	-	E34 Inschrift
E35	-	-	-	-	-	-	E35 Titel
E36	-	-	-	-	-	-	E36 Bildliches
E37	-	-	-	-	-	-	E37 Marke
E34	-	-	-	-	-	-	-	E34 Inschrift
E38	-	-	-	-	-	-	E38 Bild
E41	-	-	-	-	**E41 Benennung**		
E42	-	-	-	-	**E42 Objektkennung**		
E44	-	-	-	-	**E44 Ortsbenennung**		
E45	-	-	-	-	-	E45 Adresse	
E46	-	-	-	-	-	E46 Abschnittsdefinition	
E47	-	-	-	-	-	**E47 Raumkoordinaten**	
E48	-	-	-	-	-	**E48 Orts- oder Flurname**	
E49	-	-	-	-	**E49 Zeitbenennung**		
E50	-	-	-	-	-	E50 Datum	
E75	-	-	-	-	E75 Konzeptbenennung		
E82	-	-	-	-	E82 Akteurbenennung		
E51	-	-	-	-	E51 Kontaktpunkt		
E45	-	-	-	-	-	E45 Adresse	
E35	-	-	-	-	E35 Titel		
E89	-	-	-	E89 Theorem			
E73	-	-	-	-	**E73 Informationsgegenstand**		
E29	-	-	-	-	-	[E29 Entwurf oder Verfahren	
E31	-	-	-	-	-	E31 Dokument	
E32	-	-	-	-	-	-	E32 Referenzdokument
E33	-	-	-	-	-	E33 Sprachlicher Gegenstand	
E34	-	-	-	-	-	-	E34 Inschrift
E35	-	-	-	-	-	-	*[[E35 Titel]]*
E36	-	-	-	-	-	-	E36 Bildliches
E37	-	-	-	-	-	-	E37 Marke
E34	-	-	-	-	-	-	-	E34 Inschrift
E38	-	-	-	-	-	-	E38 Bild
E30	-	-	-	-	E30 Recht		
E55				**E55 Typus**			

E56	-	-	-	-	-	E56 Sprache
E57	-	-	-	-	-	**E57 Material**
E58	-	-	-	-	-	E58 Maßeinheit
E39	-	E39 Akteur				
E74	-	-	-	E74 Menschliche Gruppe		
E40	-	-	-	E40 Juristische Person		
E21	-	-	**E21 Person**			
E52	**E52 Zeitspanne**					
E53	**E53 Ort**					
E54	E54 Maß					

Tabelle 9: Klassenhierarchie des CIDOC CRM (E71 Künstliches bis E54 Maß)

8.1.2 Ausgewählte Klassen und Eigenschaftsdefinitionen

Für die in Kapitel 4.2. in Abbildung 8 dargestellten Klassen und Eigenschaften werden die Beschreibungen/Anwendungsbereiche mit Beispielen gegeben wie sie in der deutschen Übersetzung des CIDOC CRM (http://cidoc-crm.gnm.de/wiki/Hauptseite) angeführt sind.

Klassendefinitionen

E53 Ort

Beschreibung / Anwendungsbereich
Diese Klasse umfasst im wirklichen Sinne der Physik Ausdehnungen im Raum, besonders der Erdoberfläche, unabhängig von zeitlichen Phänomenen und Sachangelegenheiten.
Die Instanzen der Klasse E53 Ort werden üblicherweise über die Referenzierung zur Position von "immobilen" Gegenständen wie Gebäude, Städte, Berge, Flüsse oder geodätischer Marken bestimmt. Ein Ort kann normalerweise durch Kombination eines Bezugssystems und eines Standorts in Relation zu diesem Rahmen bestimmt werden. Es kann von einer oder mehren Instanzen der Klasse E44 Ortsbenennung identifiziert werden.
Manchmal wird behauptet, dass Instanzen der Klasse E53 Ort am besten durch globale Koordinaten oder absolute Verweissysteme identifiziert werden. Allerdings besitzen in der Dokumentation kultureller Kontexte relative Bezugsangaben meist eine hohe Relevanz und neigen dazu genauer zu sein. Im Besonderen sind wir oft an Positionen im Verhältnis zu großen, mobilen Gegenständen wie Schiffen interessiert. Zum Beispiel wird der Ort, an dem Nelson starb, nur in Relation zu einem großen mobilen Gegenstand gekannt, nämlich des Schiffes "H.M.S. Victory". Ein Bestimmen dieses Ortes in Bezug auf die absoluten Koordinaten würde die genaue Kenntnis der Bewegungen des Schiffs und der genauen Todeszeit notwendig machen, jede Angabe diesbezüglich wäre ein offner Diskussionspunkt, und dem Ergebnis würde jede historische und kulturelle Relevanz fehlen.
Im Prinzip kann jeder Gegenstand als ein Bezugssystem für eine Festlegung einer Instanz der Klasse E53 Ort dienen. Das Modell sieht vor, dass der Begriff des "Abschnitts" auf einer Instanz der Klasse E19 Materieller Gegenstand als eine gültige E53 Ort Bestimmung gilt.
Beispiele
der Umfang des Vereinigten Königreichs im Jahr 2003

die Lage des Stempels auf der Innenseite meines Traurings
der Ort, auf den sich der Satz bezieht: "Fisch gesammelt (gefangen) drei Meilen nördlich des Zusammenflusses von Arve und Rhône"
hier

E26 Materielles Merkmal

Beschreibung / Anwendungsbereich
Diese Klasse umfasst identifizierbare Merkmale, die dinglich eine Einheit mit dem Gegenstand bilden, an dem sie angebracht sind.
Instanzen von **E26 Materielles Merkmal** teilen sich zahlreiche Merkmale mit Instanzen von E19 Materieller Gegenstand. Die Instanzen können von ein-, zwei- oder dreidimensionaler geometrischer Gestalt sein. Es gibt jedoch keine natürlichen Abgrenzungen, durch die sie sich eindeutig von den Trägerobjekten absetzen. So ist eine Türöffnung sicherlich ein Merkmal der Tür, jedoch zählt die mit Scharnieren befestigte Tür selbst nicht dazu.
Ausprägungen von **E26 Materielles Merkmal** können Merkmale wie Schrammen, Löcher, Erhebungen, Oberflächenfarbe, Reflektionsbereiche in einem Opalkristall oder eine Veränderung der Dichte in einem Stück Holz sein. Im weitesten Sinn sind diese Ausprägungen Bestandteil besonderer Gegenstände mit zum Teil imaginären Grenzen wie der Kern der Erde, GrunDatenbankesitz als Eigentumsanspruch auf ein Areal der Erdoberfläche, eine Landschaft oder ein zu einer Marmorstatue passender Kopf. Diese Ausprägungen können gemessen und datiert werden und es ist unter Umständen möglich zu klären, wer oder was für das Entstehen verantwortlich war.
Sie können jedoch nicht vom Trägergegenstand getrennt existieren, dennoch kann ein Teil des Trägergegenstands, der das Merkmal vollständig beinhaltet, durchaus als eigenständig identifiziert (oder manchmal entfernt) werden.
Diese Festlegung deckt sich mit der Definition der 'fiat objects' durch [B. Smith & A. Varzi 2000, 401-420] mit Ausnahme der Zusammenstellungen (Aggregate) von 'bona-fide Objekten' (bona fide = In gutem Glauben).
Beispiele
Der Tempel von Abu Simbel, der in festen Fels geschnitten war, bevor er verlagert wurde.
Die Signatur von Albrecht Dürer auf seinem Gemälde von Karl dem Großen
Die Beschädigung an der Nase der großen Sphinx in Gize
Die Nase von Michael Jackson wie sie vor dem plastisch-chirurgischen Eingriff war.

E19 Materieller Gegenstand

Beschreibung / Anwendungsbereich
Diese Klasse umfasst Gegenstände materieller Natur, die Einheiten der Dokumentation bilden und physische Grenzen haben, die sie vollkommen auf einem objektiven Weg von anderen Gegenständen trennen.
Die Klasse schließt auch alle Zusammenstellungen (Aggregate) von Gegenständen ein, die zu irgendeinem funktionellen Zweck gemacht wurden, unabhängig ihrer physischen Kohärenz, z.B. ein Satz von Schachfiguren. Typischer Weise können Instanzen der Klasse **E19 Materieller Gegenstand** bewegt werden.
In einigen Zusammenhängen werden solche Gegenstände, mit Ausnahme von Zusammenstellungen (Aggregaten), auch" bona fide-Gegenstände" [B.Smith & A.Varzi 2000, 401-420] genannt, damit sind natürlich definierte Gegenstände gemeint.

Die Entscheidung, was als ein vollständiger Gegenstand dokumentiert wird und nicht als Teil oder Bestandteil, kann ausschließlich administrativ oder aber ein Ergebnis aus der Erwerbsgeschichte des Gegenstands sein.
Beispiele
John Smith
Aphrodite von Milo
der Palast von Knossos
der Cullinan-Diamant
Apollo 13 zur Startzeit

E7 Handlung

Beschreibung / Anwendungsbereich
Diese Klasse umfasst Instanzen absichtlicher Handlungen, die von Instanzen der Klasse E39 Akteur ausgeführt werden und zu Zustandsänderungen kultureller, sozialer oder physischer Systeme führen.
Diese Vorstellung schließt komplexe, zusammengesetzte und lang andauernde Aktionen wie den Bau einer Siedlung oder die Vorbereitung eines Krieges genauso mit ein wie einfache, kurzlebige Aktionen wie z.b. das Öffnen einer Tür.
Beispiele
die Schlacht von Stalingrad (**E7 Handlung**)
die Yalta-Konferenz (**E7 Handlung**)
meine Geburtstagsfeier am 28. Juni 1995 (**E7 Handlung**)
das Schreiben des "Faust" durch Goethe (E65 Begriffliche Schöpfung)
die Bildung des Bauhaus 1919 (E66 Gruppenbildung)
die Benennung des Ortes identifiziert durch TGN '7017998' 'Quyunjig' durch das irakische Volk

E73 Informationsgegenstand

Beschreibung / Anwendungsbereich
Diese Klasse umfasst erkennbare immaterielle Gegenstände wie Gedichte, Witze, Datenmengen, Bilder, Texte, Multimediaobjekte, prozedurale Anweisungen, Computerprogramme, Algorithmen oder mathematische Formeln, die eine objektiv erkennbare Struktur haben und als einzelne Einheiten dokumentiert werden.
Instanzen der Klasse E73 **Informationsgegenstand** sind an keine spezifischen dinglichen Träger gebunden. Instanzen dieser Klasse können als Träger das menschliche Gedächtnis einschließen. Außerdem können Instanzen dieser Klasse auf einem oder mehren Trägern gleichzeitig existieren.
Instanzen der Klasse **E73 Informationsgegenstand** sprachlicher Natur sollten als Instanzen ihrer Unterklasse E33 Sprachlicher Gegenstand deklariert werden. Instanzen der Klasse **E73 Informationsgegenstand** dokumentarischer Natur sollten als Instanzen ihrer Unterklasse E31 Dokument deklariert werden. Konzeptuelle Gegenstände jedoch wie Typen und Klassen, bilden keine Instanz der Klasse **E73 Informationsgegenstand**, noch zählen Ideen ohne einen reproduzierbaren Ausdruck dazu.
Beispiele
Bild BM000038850.JPG vom Clayton-Herbarium in London
E. A. Poe "Der Rabe"
der Film "Der Sieben Samurai" von Akira Kurosawa
die Maxwell Gleichungen

E55 Typus

Beschreibung / Anwendungsbereich
Diese Klasse umfasst Konzepte, die mit Begriffen aus Thesauren und kontrollierten Vokabularen bezeichnet werden, um Instanzen von CRM Klassen zu charakterisieren und zu klassifizieren. Instanzen der Klasse E55 Typus stellen Konzepte dar im Gegensatz zu den Instanzen der Klasse E41 Benennung, die benutzt werden, um Instanzen von CRM Klassen zu benennen. E55 Typus ist die Schnittstelle des CIDOC-CRM zu domainspezifischen Ontologien und Thesauren. Diese können im CIDOC-CRM als Unterklassen von E55 Typus in Form von Begriffshierarchien dargestellt werden. So können Instanzen von E55 Typus, die über P127 hat den Oberbegriff (hat den Unterbegriff) miteinander verbunden werden. Derartige Hierarchien können durch zusätzlichn Eigenschaften erweitert werden.
Beispiele
1. Gewicht, Länge, Tiefe (Typen von E54 Maß)
2. Portrait, Skizze und Animation (Typen von E38 Bild)
3. französisch, englisch, deutsch (E56 Sprache)
4. ausgezeichnet, gut, armselig könnten Typen als Instanzen der Klasse (E3 Zustandsphase)
5. Ford Modell-T und chinesische Essstäbchen (chopsticks) sind Typen als Instanzen der Klasse (E22 Künstlicher Gegenstand)
6. Höhle, Doline, Schramme sind Typen als Instanzen der Klasse (E26 Materielles Merkmal)
7. Gedicht und Kurzgeschichte sind Typen als Instanzen der Klasse (E33 Sprachlicher Gegenstand)
8. Hochzeit, Erdbeben, Geplänkel sind Typen als Instanzen der Klasse (E5 Ereignis)

E21 Person

Beschreibung / Anwendungsbereich
Diese Klasse umfasst wirkliche Personen, die leben oder von denen angenommen wird, dass sie gelebt haben.
Sagenfiguren, deren reale Existenz nicht belegt ist wie Odysseus oder König Arthur, fallen ebenso in diese Klasse, wenn sich die Dokumentation auf sie als historische Figuren bezieht.
In Fällen, in denen Zweifel bestehen, in wie weit verschiedene Personen identisch sind, können mehrfache Instanzen geschaffen und miteinander verbunden werden, um ihre Beziehung anzuzeigen. Das CRM schlägt kein bestimmtes Verfahren vor, um ein Schlussfolgern über eine mögliche Identität zu unterstützen.
Beispiele
Tut Ankh Amun (Ägyptischer Pharao)
Nelson Mandela (Freiheitskämpfer, südafrikanischer Präsident in der Zeit von Juli 1991 bis Dezember 1997)

Eigenschaftendefinitionen

P53 hat früheren oder derzeitigen Standort (ist früherer oder derzeitiger Standort von)

Ausgangsklasse (Domain): E18 Materielles
Zielklasse (Range): E53 Ort
Beschreibung / Anwendungsbereich
Diese Eigenschaft erlaubt eine Instanz von E53 Ort als früheren oder derzeitigen Standort einer Instanz der Klasse E18 Materielles zu assoziieren.
Im Fall eines E19 Materieller Gegenstandes erlaubt die Eigenschaft keine Angabe einer Zeitspanne, während der sich das Ding an diesem Ort befand oder ob es der derzeitige Standort ist.
Im Fall unbeweglicher Objekte wird der Ort normalerweise der Ort der Entstehung sein.
P53 hat früheren oder derzeitigen Standort (ist früherer oder derzeitiger Standort von) ist eine Abkürzung. Eine detailliertere Darstellung ist möglich über den vollständig entwickelten Pfad von E19 Materieller Gegenstand über P25 bewegte (wurde bewegt durch), E9 Objektbewegung, P26 bewegte bis zu (war Zielort von) oder P27 bewegte weg von (war Ausgangsort von) nach E53 Ort.
Beispiel
Silbertasse 232 (E22 Künstlicher Gegenstand) hat früheren oder derzeitigen Standort Vitrine 4, Raum 23, Museum of Oxford (E53 Ort)

P46 ist zusammengesetzt aus (bildet Teil von)

Ausgangsklasse (Domain): E18 Materielles
Zielklasse (Range): E18 Materielles
Beschreibung / Anwendungsbereich
Diese Eigenschaft erlaubt die Analyse von Instanzen der Klasse E18 Materielles in ihre Bestandteile.
Bestandteile, wenn sie selbst Instanzen der Klasse E18 Materielles sind, können in ihre Unterbestandteile weiter analysiert werden, wobei eine Hierarchie der sukzessiven Teilzerlegung entsteht. Eine Instanz der Klasse E18 Materielles kann mehreren Ganzheiten gemeinsam sein, so können z.B. zwei Häuser eine gemeinsame Wand haben. Diese Eigenschaft zielt nicht darauf ab, allgemeine Aspekte zu beschreiben, sondern bestimmte Bestandteile, die individuell dokumentiert werden. Zusammenfassende Beschreibungen der Struktur einer Instanz der Klasse E18 Materielles werden durch P3 hat Anmerkung erfasst.
Die Instanzen von E57 Material aus denen etwas E18 Materielles zusammengesetzt ist, sollten durch P45 besteht aus (ist enthalten in) ausgedrückt werden.
Beispiel
1. die königliche Salonwagen (E22 Künstlicher Gegenstand) bildet Teil von des königlichen Zuges (E22 Künstlicher Gegenstand)
2. der Hügel "Hog's Back" (E24 Hergestelltes) bildet Teil von einer alten römischen Straße in England, des "Fosseway" (E24 Hergestelltes)

P39 vermaß (wurde vermessen durch)

Ausgangsklasse (Domain): E16 Messung
Zielklasse (Range): E1 CRM Entität
Beschreibung / Anwendungsbereich

Diese Eigenschaft verbindet eine Instanz der Klasse E16 Messung mit einer Instanz der Klasse E1 CRM Entität auf die sie angewendet wird. Eine Instanz der Klasse E1 CRM Entität kann mehr als einmal vermessen werden. Materielle wie immaterielle Gegenstände und Prozesse können gemessen werden. Z.B. die Zahl der Worte in einem Text oder die Dauer eines Ereignisses.
Beispiel
31. August 1997 Messung der Höhe der Silbertasse 232 (E16 Messung) vermaß Silbertasse 232 (E22 Künstlicher Gegenstand)

P14 wurde ausgeführt von (führte aus)

Ausgangsklasse (Domain): E7 Handlung
Zielklasse (Range): E39 Akteur
Beschreibung / Anwendungsbereich
Diese Eigenschaft beschreibt die aktive Teilnahme eines E39 Akteurs an einer E7 Handlung.
Sie impliziert kausale oder legale Verantwortlichkeit. Die Eigenschaft P14.1 in der Rolle als Eigenschaft P14 wurde ausgeführt von (führte aus) ermöglicht es, die Art der Teilnahme eines E39 Akteurs zu spezifizieren.
Beispiel
das Bemalen der Sixtinischen Kapelle (E7 Handlung) wurde ausgeführt von Michaelangelo Buonarotti (E21 Person) in der Rolle als leitender Kunsthandwerker (E55 Typus)

P2 hat den Typus (ist Typus von)

Ausgangsklasse (Domain): E1 CRM Entität
Zielklasse (Range): E55 Typus
Beschreibung / Anwendungsbereich
Diese Eigenschaft erlaubt das Sub-Klassifizieren von CRM-Entitäten - eine Form der Spezialisierung - durch die Verwendung einer Begriffshierarchie oder eines Thesaurus.
Das CRM konzentriert sich auf die höheren Ebenen von Entitäten und Eigenschaften, die zur Beschreibung von Datenstrukturen benötigt werden. Folglich werden Entitäten nur in so weit spezialisiert wie dies für diesen unmittelbaren Zweck erforderlich ist. Jedoch können Entitäten in der isA-Hierarchie des CRM in eine beliebige Anzahl von Sub-Entitäten spezialisiert werden, die in der Klasse E55 Typus hierarchisch definiert werden können. Zum Beispiel die Klasse E51 Kontaktpunkt kann in "Email-Adresse", "Telefon-Nummer", "Postfach" oder "URL" usw. spezialisiert werden, ohne dass diese Klassen in der CRM-Hierarchie explizit definiert sind. Eine Sub-Klassifikation benötigt offensichtlich die Verträglichkeit der Bedeutung der zugewiesenen Terme mit der allgemeinen Absicht der fraglichen CRM-Entität.
Beispiel
www.cidoc.icom.org (E51 Kontaktpunkt) hat den Typus URL (E55 Typus)

P67 verweist auf (wird angeführt von)

Ausgangsklasse (Domain): E89 Aussagenobjekt
Zielklasse (Range): E1 CRM Entität
Beschreibung / Anwendungsbereich
Diese Eigenschaft dokumentiert, dass ein E89 Aussagenobjekt eine Aussage über eine Instanz einer E1 CRM Entität macht.

P67 verweist auf (wird angeführt von) hat die Untereigenschaft P67.1 Art des Verweises zu einer Instanz von E55 Typus. Dies soll eine detailiertere Beschreibung der Art der Beziehung zu dem Typus zu dokumentieren erlauben. Dies unterscheidet sich von der Eigenschaft P129 handelt über (wird behandelt in), die das vorrangige Thema oder Themen eines E89 Aussagenobjektes beschreibt.
Ein E89 Aussagenobjekt kann sich auf jede andere E1 CRM Entität beziehen.
Beispiel
ein Eintrag in der EBay Auktionsliste vom 4. Juli 2002 (E73 Informationsgegenstand) verweist auf die Silbertasse 232 (E22 Künstlicher Gegenstand) Art des Verweises Auktionslisteneintrag

8.2 HiMAT Thesaurus

Es werden die zehn obersten Hierarchieebenen des Thesaurus in einer Baumstruktur angeführt. Aus Platzgründen sind nicht immer alle Unterzweige mit Begriffen dargestellt.
Wenn kein Platz mehr für alle Begriffe vorhanden war, so ist dies am Ende des Zweiges mit einem „+" dargestellt. Für „Materielles Merkmal (E26)" wird der Unterbegriff „Hydrologie" wie in Abbildung 54 links dargestellt. Dies bedeutet, dass es für diesen Begriff noch Unterbegriffe gibt wie im rechten Teil der Abbildung 54.

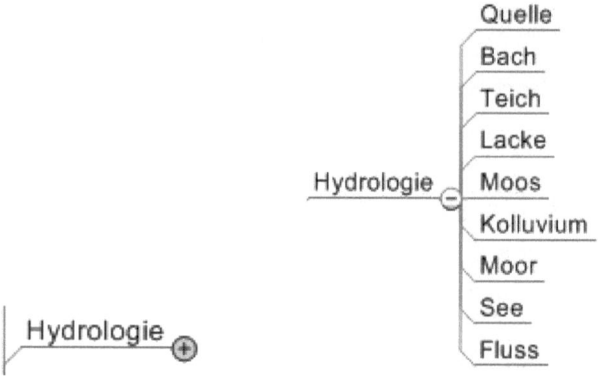

Abbildung 54: Thesaurusdarstellung für nicht erweiterte Unterbegriffe

8.2.1 Materielles Merkmal (E26)

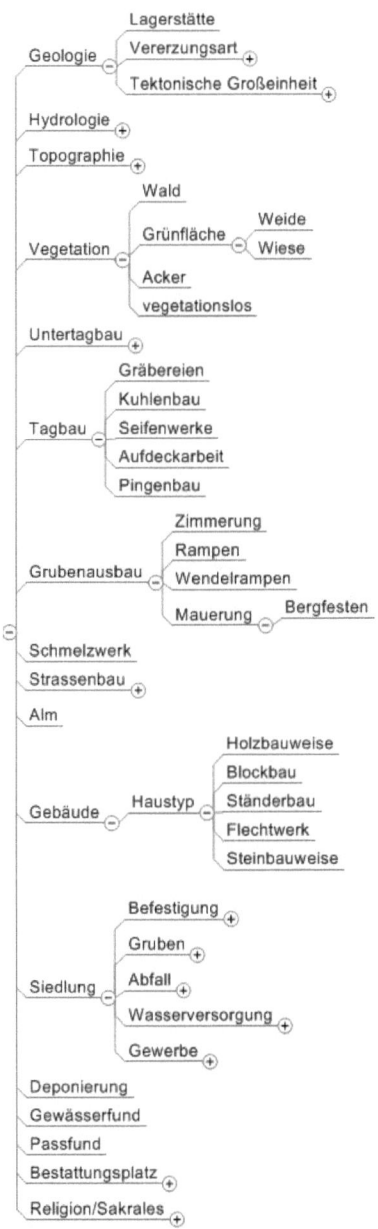

Abbildung 55: Thesaurusdarstellung für Materielles Merkmal (E26)

8.2.2 Materieller Gegenstand (E19)

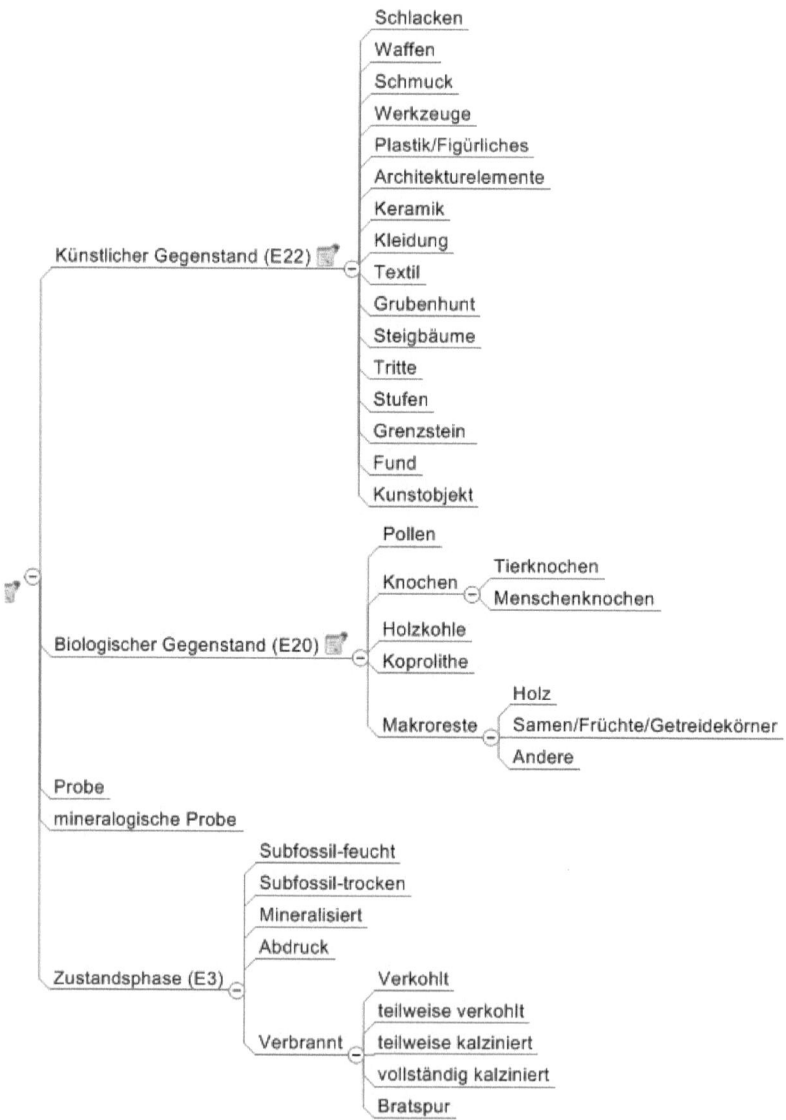

Abbildung 56: Thesaurusdarstellung für Materieller Gegenstand (E19)

8.2.3 Forschungshandlung (E7)

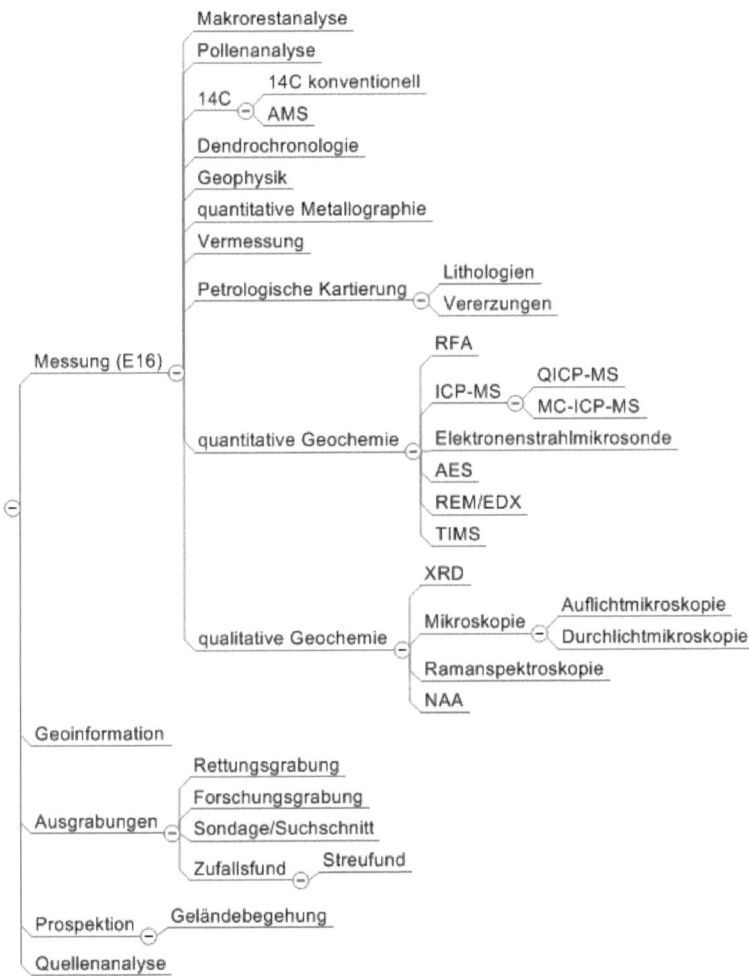

Abbildung 57: Thesaurusdarstellung für Forschungshandlung (E7)

8.2.4 Material (E57)

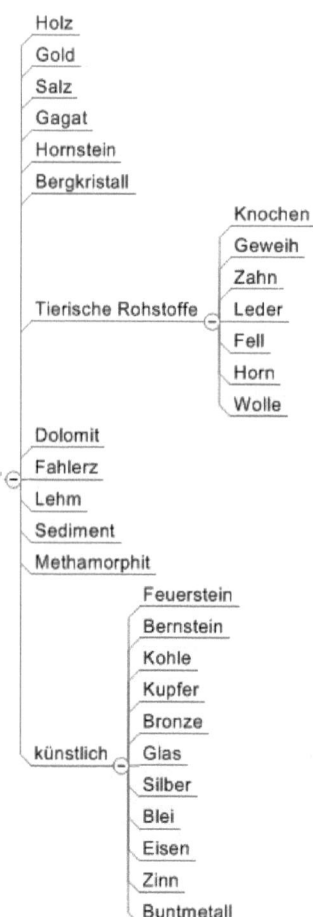

Abbildung 58: Thesaurusdarstellung für Material (E57)

8.2.5 Zeitbenennung (E49)

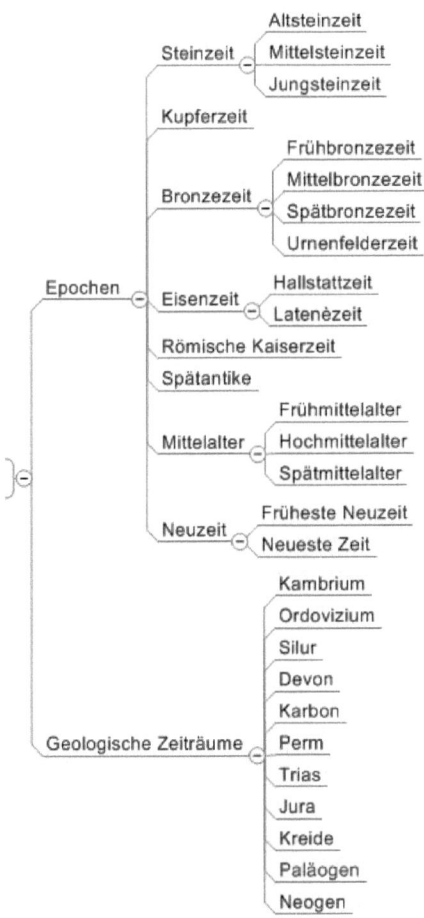

Abbildung 59: Thesaurusdarstellung für Zeitbenennung (E49)

8.2.6 Thema / Begrifflicher Gegenstand (E28)

Abbildung 60: Thesaurusdarstellung für Thema / Begrifflicher Gegenstand (E28)

8.2.7 Menschliche Gruppe (E74)

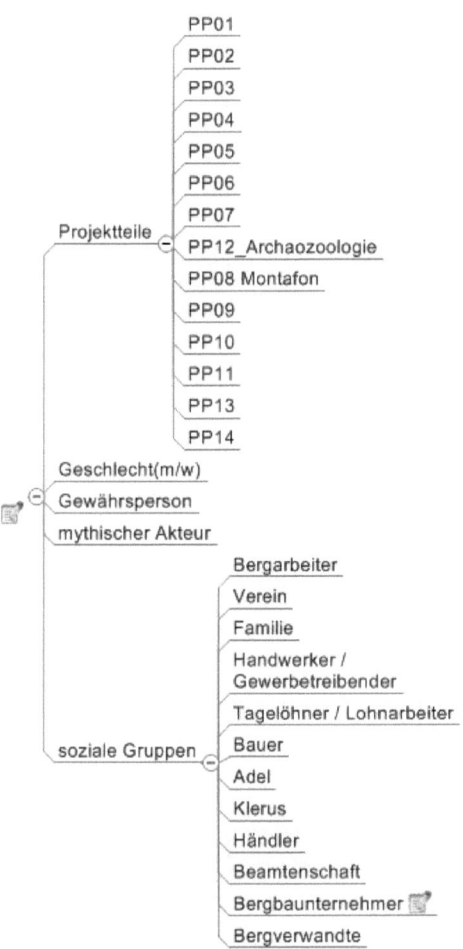

Abbildung 61: Thesaurusdarstellung für Menschliche Gruppe (E74)

8.2.8 Historisches Ereignis (E5)

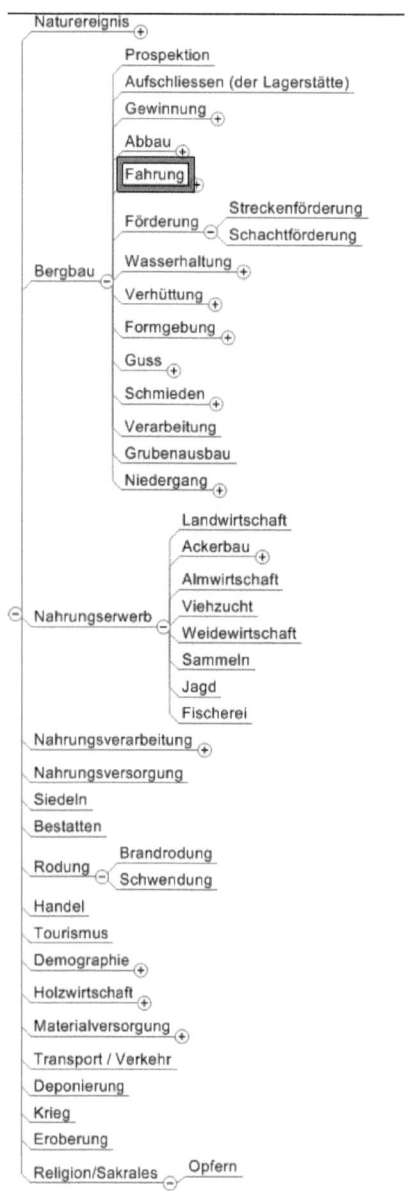

Abbildung 62: Thesaurusdarstellung für Historisches Ereignis (E5)

8.2.9 Ortsbenennung (E44)

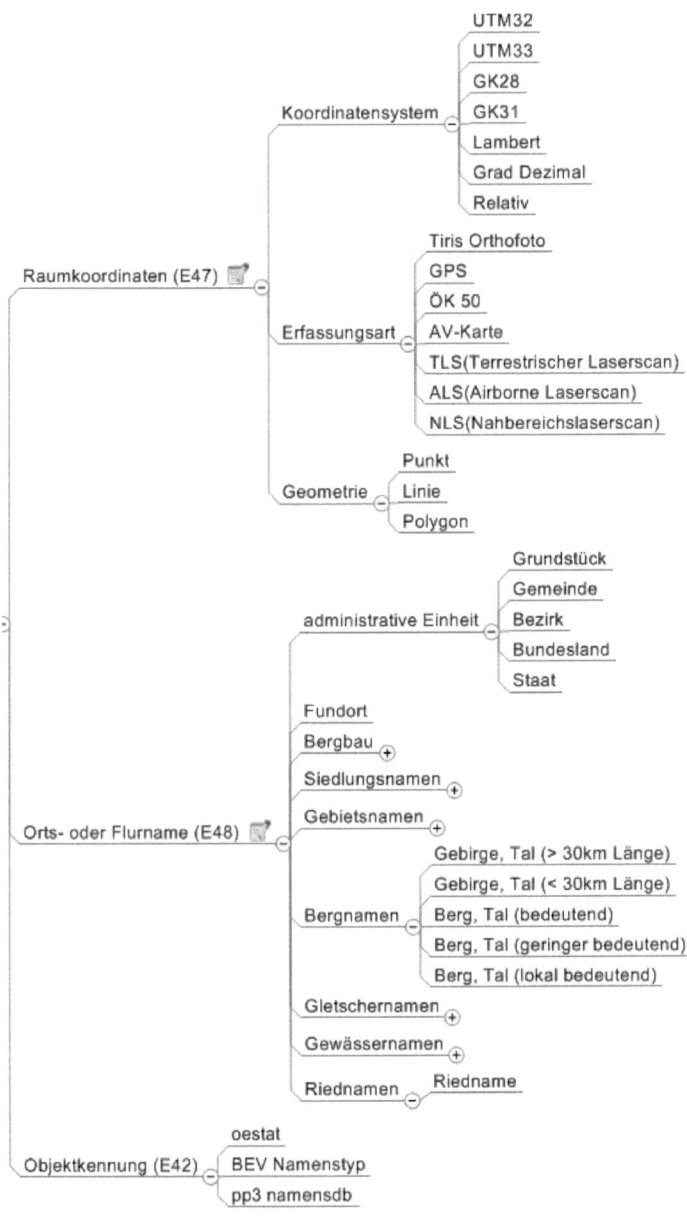

Abbildung 63: Thesaurusdarstellung für Ortsbenennung (E44)

8.2.10 Informationsgegenstand (E73)

Abbildung 64: Thesaurusdarstellung für Informationsgegenstand (E73)

9 Anhang B: Datenbank

9.1 Umsetzung der Ontologie in der Datenbank

9.1.1 Ontologietabellen

Klassen: HIMAT_CIDOC_KLASSEN

Tabellenstruktur

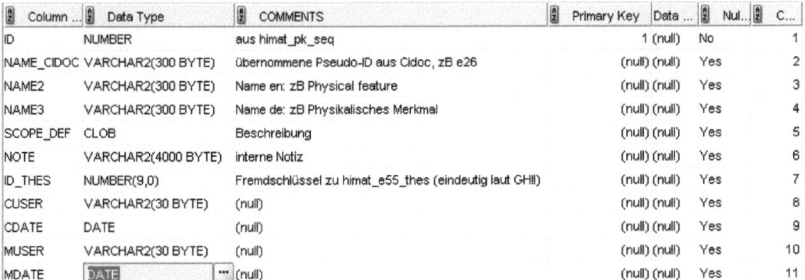

Beispieldaten

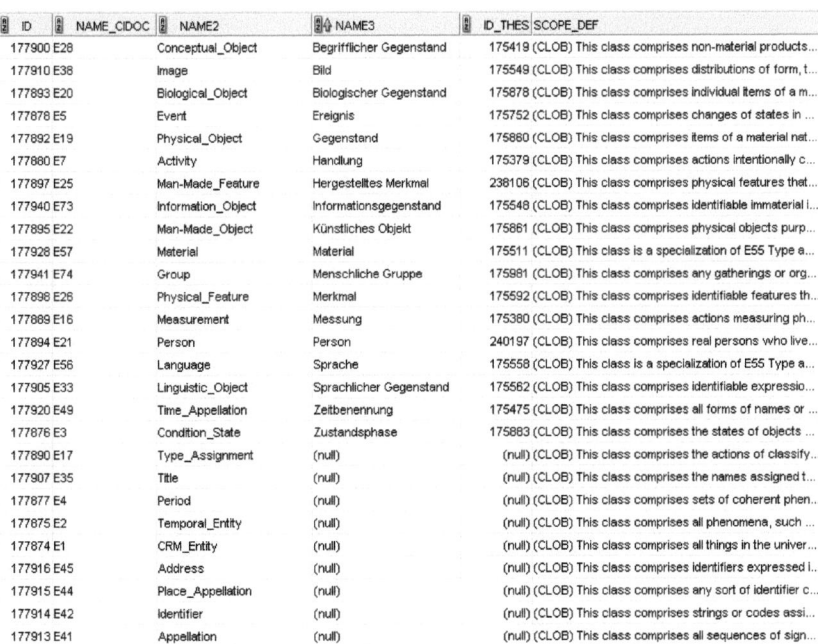

Klassenhierarchie: HIMAT_CIDOC_KLASSEN_INTERSECT

Tabellenstruktur

Column Name	Data Type	COMMENTS	Pri...	Data ...	Nul...	C...
CIDOC_KLASSEN_ID	NUMBER	ID aus himat_cidoc_klassen, die Child definiert	(null)	(null)	No	1
CIDOC_KLASSEN_PID	NUMBER	ID aus himat_cidoc_klassen, die Parent definiert	(null)	(null)	Yes	2
CUSER	VARCHAR2(30 BYTE)	(null)	(null)	(null)	Yes	3
CDATE	DATE	(null)	(null)	(null)	Yes	4
MUSER	VARCHAR2(30 BYTE)	(null)	(null)	(null)	Yes	5
MDATE	DATE	(null)	(null)	(null)	Yes	6

Beispieldaten

CIDOC...	CIDOC_KLASSEN_PID
177874	(null)
177875	177874
177876	177875
177877	177875
177907	177905
177907	177913
177911	177943
177912	177941
177908	177940
177909	177908
177910	177908
177878	177877

Eigenschaften: HIMAT_CIDOC_EIGENSCHAFTEN

Tabellenstruktur

Column Name	Data Type	COMMENTS	Pri...	Data ...	Nul...	C...
ID	NUMBER	aus himat_pk_seq	1	(null)	No	1
NAME_CIDOC	VARCHAR2(300 BYTE)	übernommene Pseudo-ID aus Cidoc, zB p46	(null)	(null)	Yes	2
NAME2	VARCHAR2(300 BYTE)	Name en: zB composed og	(null)	(null)	Yes	3
NAME3	VARCHAR2(300 BYTE)	Name de: zBzusammengesetzt aus	(null)	(null)	Yes	4
SCOPE_DEF	CLOB	Beschreibung	(null)	(null)	Yes	5
NOTE	VARCHAR2(4000 BYTE)	interne Notiz	(null)	(null)	Yes	6
AUSGANGSKLASSE_ID	NUMBER(9,0)	von welcher Klasse darf eine Beziehung hergestellt werden	(null)	(null)	Yes	7
ZIELKLASSE_ID	NUMBER(9,0)	zu welcher Klasse darf eine Beziehung hergestellt werden	(null)	(null)	Yes	8
ID_THES	NUMBER(9,0)	Fremdschlüssel zu himat_e55_thes (eindeutig laut GH!!)	(null)	(null)	Yes	9
CUSER	VARCHAR2(30 BYTE)	(null)	(null)	(null)	Yes	10
CDATE	DATE	(null)	(null)	(null)	Yes	11
MUSER	VARCHAR2(30 BYTE)	(null)	(null)	(null)	Yes	12
MDATE	DATE	(null)	(null)	(null)	Yes	13

Beispieldaten

ID	NAME_CIDOC	NAME2	NAME3	SCOPE_DEF	NOTE	AUSGANGSKLASSE_ID	ZIELKLASSE_ID	ID_THES
178066	P67F	refers_to	(null)	(CLOB) Thi...	(null)	177954	177874	240052
178229	P53F	has_former_or_current_location	(null)	(CLOB) Thi...	(null)	177891	177924	240054
178051	P39F	measured	(null)	(CLOB) Thi...	(null)	177869	177874	240056
178104	P14F	carried_out_by	(null)	(CLOB) Thi...	(null)	177880	177911	240057
178228	P74F	has_current_or_former_residence	(null)	(CLOB) Thi...	(null)	177911	177924	240059
178160	P46F	is_composed_of	(null)	(CLOB) Thi...	(null)	177891	177891	240060
178053	P62F	depicts	(null)	(CLOB) Thi...	(null)	177896	177874	240063
178122	P16B	was_used_for	(null)	(null)	(null)	177937	177880	240198
178265	P16F	used_specific_object	(null)	(CLOB) Thi...	(null)	177880	177937	240200
178082	P44F	has_condition	(null)	(CLOB) Thi...	(null)	177891	177876	(null)
178083	P5B	forms_part_of	(null)	(null)	(null)	177876	177876	(null)
178084	P5F	consists_of	(null)	(CLOB) Thi...	(null)	177876	177876	(null)
178085	P9F	consists_of	(null)	(CLOB) Thi...	(null)	177877	177877	(null)
178086	P7B	witnessed	(null)	(null)	(null)	177924	177877	(null)
178087	P10F	falls_within	(null)	(CLOB) Thi...	(null)	177877	177877	(null)
178088	P10B	contains	(null)	(null)	(null)	177877	177877	(null)
178089	P132F	overlaps_with	(null)	(CLOB) Thi...	(null)	177877	177877	(null)
178090	P8B	witnessed	(null)	(null)	(null)	177892	177877	(null)
178080	P118F	overlaps_in_time_with	(null)	(CLOB) Thi...	(null)	177875	177875	(null)
178091	P9B	forms_part_of	(null)	(null)	(null)	177877	177877	(null)
178092	P133F	is_separated_from	(null)	(CLOB) Thi...	(null)	177877	177877	(null)
178093	P102F	has_title	(null)	(CLOB) Thi...	(null)	177938	177907	(null)

9.1.2 Views und SQL-Abfragen für die Ontologie

View: HIMAT_CIDOC_KLASSEN_HIER_V01

Diese View enthält die Klassen des CIDOC CRM in ihrer hierarchischen Ordnung wie sie in Anhang A (Kapitel 8.1.1) abgebildet sind. Darüber hinaus sind alle Elternelemente jeder Klasse im Feld „Parents" mit ihren IDs angeführt. Dieses Feld ist wichtig bei der Bestimmung der für die jeweilige Klasse in Frage kommenden Eigenschaften, da für jede Klasse die Eigenschaften sämtlicher Elternklassen gültig sind.

Viewdefinition

select ch.cidoc_klassen_id,ch.cidoc_klassen_pid, lpad('.', (level - 1) * 2,'.') || k.name_cidoc ||'.'|| k.name2 as padded_name, k.name_cidoc, k.name2, k.id_thes, SYS_CONNECT_BY_PATH(ch.cidoc_klassen_id, ' @ ') parents, level as hier_level
from himat_cidoc_klassen_intersect ch,himat_cidoc_klassen k
where ch.cidoc_klassen_id= k.id
connect by prior ch.cidoc_klassen_id = ch.cidoc_klassen_pid start with ch.cidoc_klassen_id=177874

Viewstruktur

Column Name	Data Type
CIDOC_KLASSEN_ID	NUMBER
CIDOC_KLASSEN_PID	NUMBER
PADDED_NAME	VARCHAR2(4000)
NAME_CIDOC	VARCHAR2(300)
NAME2	VARCHAR2(300)
ID_THES	NUMBER(9,0)
PARENTS	VARCHAR2(4000)
HIER_LEVEL	NUMBER

Beispieldaten

CID...	CID...	PADDED NAME	...	NAME2	ID THES	PARENTS
177874	(null)	E1.CRM_Entity	E1	CRM_Entity	(null)	@ 177874
177875	177874	..E2.Temporal_Entity	E2	Temporal_Entity	(null)	@ 177874 @ 177875
177876	177875	....E3.Condition_State	E3	Condition_State	175883	@ 177874 @ 177875 @ 177876
177877	177875	....E4.Period	E4	Period	(null)	@ 177874 @ 177875 @ 177877
177878	177877	......E5.Event	E5	Event	175752	@ 177874 @ 177875 @ 177877 @ 17...
177880	177878	........E7.Activity	E7	Activity	175379	@ 177874 @ 177875 @ 177877 @ 17...
177881	177880	..........E8.Acquisition	E8	Acquisition	(null)	@ 177874 @ 177875 @ 177877 @ 17...
177882	177880	..........E9.Move	E9	Move	(null)	@ 177874 @ 177875 @ 177877 @ 17...
177883	177880	..........E10.Transfer_of_Custody	E10	Transfer_of_C...	(null)	@ 177874 @ 177875 @ 177877 @ 17...
177884	177880	..........E11.Modification	E11	Modification	(null)	@ 177874 @ 177875 @ 177877 @ 17...
177885	177884	............E12.Production	E12	Production	(null)	@ 177874 @ 177875 @ 177877 @ 17...
177945	177884	............E79.Part_Addition	E79	Part_Addition	(null)	@ 177874 @ 177875 @ 177877 @ 17...
177946	177884	............E80.Part_Removal	E80	Part_Removal	(null)	@ 177874 @ 177875 @ 177877 @ 17...
177886	177880	..........E13.Attribute_Assignment	E13	Attribute_Assi...	(null)	@ 177874 @ 177875 @ 177877 @ 17...
177887	177886	............E14.Condition_Assessment	E14	Condition_Ass...	(null)	@ 177874 @ 177875 @ 177877 @ 17...
177888	177886	............E15.Identifier_Assignment	E15	Identifier_Assi...	(null)	@ 177874 @ 177875 @ 177877 @ 17...
177889	177886	............E16.Measurement	E16	Measurement	175380	@ 177874 @ 177875 @ 177877 @ 17...

SQL-Abfrage: Alle Eigenschaften einer Klasse (z.B.: Materielles Merkmal E26)

select c.name_cidoc ||' ' || c.name2 Vererbende_Klasse, p.name_cidoc ||' ' || p.name2 Eigenschaft
from himat_cidoc_klassen_hier_v01 cv, himat_cidoc_klassen c, himat_cidoc_eigenschaften p,himat_cidoc_klassen_hier_v01 cv2
where cv.name_cidoc like'**E26**' and cv.parents like '%'||c.id||'%' and p.ausgangsklasse_id= c.id and p.name_cidoc like '%F' and cv2.cidoc_klassen_id= c.id
order by cv2.hier_level

VERERBENDE_KLASSE	EIGENSCHAFT
E1 CRM_Entity	P48F has_preferred_identifier
E1 CRM_Entity	P1F is_identified_by
E1 CRM_Entity	P137F exemplifies
E1 CRM_Entity	P2F has_type
E70 Thing	P130F shows_features_of
E70 Thing	P43F has_dimension
E70 Thing	P101F had_as_general_use
E72 Legal_Object	P105F right_held_by
E72 Legal_Object	P104F is_subject_to
E18 Physical_Thing	P52F has_current_owner
E18 Physical_Thing	P46F is_composed_of
E18 Physical_Thing	P49F has_former_or_current_keeper
E18 Physical_Thing	P44F has_condition
E18 Physical_Thing	P58F has_section_definition
E18 Physical_Thing	P59F has_section
E18 Physical_Thing	P53F has_former_or_current_location
E18 Physical_Thing	P45F consists_of
E18 Physical_Thing	P51F has_former_or_current_owner
E18 Physical_Thing	P50F has_current_keeper

9.2 Thesaurus in der Datenbank

9.2.1 Thesaurustabelle: HIMAT_E55_THES

Tabellenstruktur

Column Name	Data Type	COMMENTS	Pri...	Data ...	Nullable	C...
FID	NUMBER	(null)	1	(null)	No	1
TERM	VARCHAR2(4000 BYTE)	(null)	(null)	(null)	Yes	2
PARENT_FID	VARCHAR2(30 BYTE)	(null)	(null)	(null)	Yes	3
DEFINITION	VARCHAR2(4000 BYTE)	(null)	(null)	(null)	Yes	4
CIDOC_KLASSEN_ID	NUMBER	(null)	(null)	(null)	Yes	5
CUSER	VARCHAR2(100 BYTE)	(null)	(null)	(null)	Yes	6
CDATE	DATE	(null)	(null)	(null)	Yes	7
MUSER	VARCHAR2(100 BYTE)	(null)	(null)	(null)	Yes	8
MDATE	DATE	(null)	(null)	(null)	Yes	9
URL	VARCHAR2(1000 BYTE)	Wikipedia Link	(null)	(null)	Yes	10

Beispieldaten

FID	TERM	PARENT_FID	DEFINITION	CID...	CUSER	CDATE	MUSER	MDATE	URL
238158	Publikation	175548	An issue of printed material offer...	(null)	C84426	(null)	C84426	03.02.10	(null)
175876	Fund	175861	auch Befund: http://de.wikipedia....	(null)	C6441006	(null)	C6441006	30.04.10	(null)
175875	Grenzstein	175867	auch: http://de.wikipedia.org/wiki/...	(null)	C6441006	(null)	C6441006	11.06.10	http://de.wikipedia.org/
240200	benutzte das bestimmte Objekt	240055	Ausgangsklasse (Domain): E7 Ha...	(null)	C84426	21.06.10	C84426	21.06.10	http://cidoc-crm.gnm.d...
240097	Kupfermatte	240096	Bei einer Matte handelt es sich u...	(null)	CSAE5649	25.03.10	CSAE5649	27.05.10	(null)
240033	Archaik	175476	ca. 700 v. Chr. bis ca. 500 v. Chr.	(null)	C84426	(null)	C84426	03.02.10	(null)
240066	Chemische Metallanalyse	175380	Chemische und isotopische Anal...	(null)	C84426	05.03.10	C84426	28.04.10	(null)
240063	bildet ab (P62)	240053	Diese Eigenschaft bezeichnet et...	(null)	C84426	(null)	C84426	03.02.10	(null)
175872	Steigbäume	175867	Ein mit tiefen Kerben versehener ...	(null)	C6441006	(null)	C6441006	11.06.10	http://de.wikipedia.org/
175415	Streufund	175414	ein Objekt/Artefakt, das ohne erk...	(null)	C6441006	(null)	C6441006	29.04.10	(null)
240035	Weinberg	175644	eine für den Weinbau landwirtsc...	(null)	C717276	(null)	C717276	29.04.10	http://de.wikipedia.org/
240034	Macchia	175644	eine immergrüne sekundär entsta...	(null)	C84426	(null)	C84426	03.02.10	(null)
175409	Geoinformationssystem	175379	Eingabe, Verarbeitung und Analy...	(null)	C84426	(null)	C84426	28.04.10	http://de.wikipedia.org/
240086	Datentransfer	240081	Eingabe von historischen Fakten i...	(null)	CSAE5719	25.03.10	CSAE5719	29.04.10	(null)
240114	fällt in (enthält) P89	240113	Engl. Bezeichnung: falls within (c...	(null)	C84426	29.03.10	C84426	28.04.10	(null)
240013	Schotter	175531	entspricht Grobkies, Korngröße z...	(null)	CSAE5649	(null)	CSAE5649	29.04.10	http://de.wikipedia.org/
175380	Messung (E16)	175379	"E16 MeasurementSubclass of: E...	(null)	C84426	(null)	C84426	28.04.10	http://cidoc-crm.gnm.d...
175860	Materieller Gegenstand (E19)	175378	E19 Physical Object Scope note:...	177892	C84426	(null)	C84426	10.11.10	http://cidoc-crm.gnm.d...
175878	Biologischer Gegenstand (E20)	175860	"E20 Biological ObjectSubclass o...	177893	C84426	(null)	C84426	26.11.10	http://cidoc-crm.gnm.d...
175861	Künstlicher Gegenstand (E22)	175860	"E22 Man-Made ObjectSubclass...	177895	C84426	(null)	C84426	26.11.10	http://cidoc-crm.gnm.d...
238106	Hergestelltes Merkmal (E25)	175592	"E25 Man-Made FeatureSubclass...	(null)	C84426	(null)	C84426	28.04.10	http://cidoc-crm.gnm.d...
175592	Materielles Merkmal (E26)	175378	E26 Physical Feature Scope Note...	(null)	C84426	(null)	C84426	28.04.10	http://cidoc-crm.gnm.d...

9.2.2 View: HIMAT_E55_PARENTS_V01

Diese View enthält die Begriffe des Thesaurus in ihrer hierarchischen Ordnung wie sie in Anhang A (Kapitel 8.2) abgebildet sind. Darüber hinaus sind alle Elternelemente jedes Begriffes im Feld „Parents" mit ihren IDs angeführt. Dieses Feld ist wichtig für Abfragen, bei denen über Oberbegriffe gesucht wird. Mit ihm ist es möglich sämtliche Unterbegriffe eines Begriffes zu finden.

Viewdefinition

```
SELECT fid,
    LPAD(' ',(LEVEL-1)*3,'.')||term AS term,
    parent_fid,
    SYS_CONNECT_BY_PATH(fid, ' @ ') as Parents,
    level as Hier_stufe,
    definition
 FROM himat_e55_thes
 START WITH parent_fid IS NULL
 CONNECT BY PRIOR fid = parent_fid
```

Viewstruktur

Column Name	Data Type
FID	NUMBER
TERM	VARCHAR2(4000)
PARENT_FID	VARCHAR2(30)
PARENTS	VARCHAR2(4000)
HIER_STUFE	NUMBER
DEFINITION	VARCHAR2(4000)

Beispieldaten

FID	TERM	PA...	PARENTS
175378	E1 CRM Entity	(null)	@ 175378
175379	.. Forschungshandlung (E7)	175378	@ 175378 @ 175379
175380	..... Messung (E16)	175379	@ 175378 @ 175379 @ 175380
175381	.... Makrorestanalyse	175380	@ 175378 @ 175379 @ 175380 @ 1753...
175382	.... Pollenanalyse	175380	@ 175378 @ 175379 @ 175380 @ 1753...
175383	.... 14C	175380	@ 175378 @ 175379 @ 175380 @ 1753...
175384	.... 14C konventionell	175383	@ 175378 @ 175379 @ 175380 @ 1753...
175385	.... AMS	175383	@ 175378 @ 175379 @ 175380 @ 1753...
175386	.... Dendrochronologie	175380	@ 175378 @ 175379 @ 175380 @ 1753...
175387	.... Geophysik	175380	@ 175378 @ 175379 @ 175380 @ 1753...
175388	.... quantitative Metallographie	175380	@ 175378 @ 175379 @ 175380 @ 1753...
175389	.... Vermessung	175380	@ 175378 @ 175379 @ 175380 @ 1753...
175393	.... quantitative Geochemie	175380	@ 175378 @ 175379 @ 175380 @ 1753...
175394	.... RFA	175393	@ 175378 @ 175379 @ 175380 @ 1753...
175395	.... ICP-MS	175393	@ 175378 @ 175379 @ 175380 @ 1753...
175396	.... QICP-MS	175395	@ 175378 @ 175379 @ 175380 @ 1753...
175397	.... MC-ICP-MS (Bleiisotope)	175395	@ 175378 @ 175379 @ 175380 @ 1753...

9.3 Instanzentabellen

HIMAT_E26_MERKMALE

Column Name	Data Type	Nullable	Primary Key
ID	NUMBER	No	1
ID_OLD	NUMBER	Yes	
TITEL	VARCHAR2(300 BYTE)	Yes	
INFO	VARCHAR2(4000 BYTE)	Yes	
NOTE	VARCHAR2(4000 BYTE)	Yes	
PUBLIZIERSTUFE	NUMBER(5,0)	Yes	
SORT_KEY	NUMBER(6,0)	Yes	
CUSER	VARCHAR2(30 BYTE)	Yes	
CDATE	DATE	Yes	
MUSER	VARCHAR2(30 BYTE)	Yes	
MDATE	DATE	Yes	
CIDOC_KLASSEN_ID	NUMBER	Yes	

HIMAT_E19_GEGENSTAENDE

Column Name	Data Type	Nullable	Primary Key
ID	NUMBER	No	1
ID_OLD	NUMBER	Yes	
TITEL	VARCHAR2(300 BYTE)	Yes	
INFO	VARCHAR2(4000 BYTE)	Yes	
NOTE	VARCHAR2(4000 BYTE)	Yes	
PUBLIZIERSTUFE	NUMBER(5,0)	Yes	
SORT_KEY	NUMBER(6,0)	Yes	
CUSER	VARCHAR2(30 BYTE)	Yes	
CDATE	DATE	Yes	
MUSER	VARCHAR2(30 BYTE)	Yes	
MDATE	DATE	Yes	
CIDOC_KLASSEN_ID	NUMBER	Yes	

HIMAT_E7_ACTIVITIES:

Column Name	Data Type	Nullable	Primary Key
ID	NUMBER	No	1
ID_OLD	NUMBER	Yes	
TITEL	VARCHAR2(300 BYTE)	Yes	
STARTDATE	DATE	Yes	
ENDDATE	DATE	Yes	
STARTDATEFREE1	VARCHAR2(100 BYTE)	Yes	
STARTDATEFREE2	VARCHAR2(100 BYTE)	Yes	
ENDDATEFREE1	VARCHAR2(100 BYTE)	Yes	
ENDDATEFREE2	VARCHAR2(100 BYTE)	Yes	
INFO	VARCHAR2(4000 BYTE)	Yes	
NOTE	VARCHAR2(4000 BYTE)	Yes	
PUBLIZIERSTUFE	NUMBER(5,0)	Yes	
SORT_KEY	NUMBER(6,0)	Yes	
CUSER	VARCHAR2(30 BYTE)	Yes	
CDATE	DATE	Yes	
MUSER	VARCHAR2(30 BYTE)	Yes	
MDATE	DATE	Yes	
CIDOC_KLASSEN_ID	NUMBER	Yes	

HIMAT_E73_INFO_OBJ

Column Name	Data Type	Nullable	Primary Key
ID	NUMBER	No	1
ID_OLD	NUMBER	Yes	
TITEL	VARCHAR2(300 BYTE)	Yes	
INFO	VARCHAR2(4000 BYTE)	Yes	
VOLLTEXT	CLOB	Yes	
URL	VARCHAR2(1000 BYTE)	Yes	
DATEITYP	VARCHAR2(100 BYTE)	Yes	
DATEIGROESSE	NUMBER	Yes	
NOTE	VARCHAR2(4000 BYTE)	Yes	
PUBLIZIERSTUFE	NUMBER(5,0)	Yes	
SORT_KEY	NUMBER(6,0)	Yes	
CUSER	VARCHAR2(30 BYTE)	Yes	
CDATE	DATE	Yes	
MUSER	VARCHAR2(30 BYTE)	Yes	
MDATE	DATE	Yes	
CIDOC_KLASSEN_ID	NUMBER	Yes	

HIMAT_E41_APPELLATIONS

Column Name	Data Type	Nullable	Primary Key
ID	NUMBER	No	1
OBJEKT_ID	NUMBER	Yes	
IDENTIFIER	NUMBER	Yes	
ID_THES	NUMBER	Yes	
ID_THES_TYP	NUMBER	Yes	
CIDOC_KLASSEN_ID	NUMBER	Yes	
IDENTIFIER_TEXT	VARCHAR2(4000 BYTE)	Yes	
INFO	VARCHAR2(4000 BYTE)	Yes	
NOTE	VARCHAR2(4000 BYTE)	Yes	
PUBLIZIERSTUFE	NUMBER(5,0)	Yes	
CUSER	VARCHAR2(30 BYTE)	Yes	
CDATE	DATE	Yes	
MUSER	VARCHAR2(30 BYTE)	Yes	
MDATE	DATE	Yes	
RELATION	VARCHAR2(100 BYTE)	Yes	

HIMAT_E39_PERSONEN

Column Name	Data Type	Nullable	Primary Key
ID	NUMBER	No	1
ID_OLD	NUMBER	Yes	
NACHNAME	VARCHAR2(300 BYTE)	Yes	
VORNAME	VARCHAR2(300 BYTE)	Yes	
AKTEUR	VARCHAR2(300 BYTE)	Yes	
TITEL	VARCHAR2(100 BYTE)	Yes	
GEBOREN	VARCHAR2(100 BYTE)	Yes	
GESTORBEN	VARCHAR2(100 BYTE)	Yes	
EMAIL	VARCHAR2(300 BYTE)	Yes	
TEL_OFFICE	VARCHAR2(300 BYTE)	Yes	
TEL_PRIVAT	VARCHAR2(300 BYTE)	Yes	
TEL_MOBIL	VARCHAR2(300 BYTE)	Yes	
ADRESSE	VARCHAR2(300 BYTE)	Yes	
ORT	VARCHAR2(300 BYTE)	Yes	
BUNDESLAND	VARCHAR2(300 BYTE)	Yes	
PLZ	VARCHAR2(30 BYTE)	Yes	
LAND	VARCHAR2(300 BYTE)	Yes	
HOMEPAGE_URL	VARCHAR2(300 BYTE)	Yes	
INFO	VARCHAR2(4000 BYTE)	Yes	
NOTE	VARCHAR2(4000 BYTE)	Yes	

PUBLIZIERSTUFE	NUMBER(5,0)	Yes	
SORT_KEY	NUMBER(6,0)	Yes	
CUSER	VARCHAR2(30 BYTE)	Yes	
CDATE	DATE	Yes	
MUSER	VARCHAR2(30 BYTE)	Yes	
MDATE	DATE	Yes	
USERNAME	VARCHAR2(300 BYTE)	Yes	
STATUS	NUMBER(3,0)	Yes	
CIDOC_KLASSEN_ID	NUMBER	Yes	

9.4 Räumliche Daten

PLACE

Column Name	Data Type	Nullable	Primary Key
FID	NUMBER	No	
QUALITY	NUMBER(10,0)	Yes	
VW_BEZ_NR	NUMBER(10,0)	Yes	
HOEHE	NUMBER(10,0)	Yes	
BEV_TYP_ERW	NUMBER(10,0)	Yes	
ERFASS_ART	NUMBER(10,0)	Yes	
RW_X_GK	NUMBER(10,2)	Yes	
HW_Y_GK	NUMBER(10,2)	Yes	
MER_GK	NUMBER(10,0)	Yes	
PP03_ID	NUMBER(38,8)	Yes	
GK_ID	NVARCHAR2(50 CHAR)	Yes	
MILGL01_ID	NUMBER(38,8)	Yes	
VW_GEM_NR	NUMBER(10,0)	Yes	
VW_LAND_NR	NUMBER(10,0)	Yes	
PLACENAME	NVARCHAR2(150 CHAR)	Yes	
RW_X_LAM	NUMBER(20,3)	Yes	
DD_LONG_WGS_84	NUMBER(38,8)	Yes	
DD_LAT_WGS_84	NUMBER(38,8)	Yes	
HW_Y_LAM	NUMBER(20,3)	Yes	
TYP	NUMBER(10,0)	Yes	
GEOM	ST_GEOMETRY	Yes	
PLACENAME1	VARCHAR2(150 BYTE)	Yes	
ID	NUMBER	Yes	
CIDOC_KLASSEN_ID	NUMBER	Yes	

PLACE_LINE

Column Name	Data Type	Nullable	Primary Key
FID	NUMBER	No	
PLACENAME	NVARCHAR2(100 CHAR)	Yes	
GEOM	ST_GEOMETRY	Yes	
ID	NUMBER	Yes	
CIDOC_KLASSEN_ID	NUMBER	Yes	

PLACE_POLYGON

Column Name	Data Type	Nullable	Primary Key
FID	NUMBER	No	
AREA	NUMBER(20,8)	Yes	
VW_GEM_NR	NUMBER(10,0)	Yes	
VW_BEZ_NR	NUMBER(10,0)	Yes	
VW_BEZ_NAME	NVARCHAR2(100 CHAR)	Yes	
VW_LAND_NR	NUMBER(10,0)	Yes	
VW_LAND_NAME	NVARCHAR2(100 CHAR)	Yes	
BEV_TYP_ERW	NUMBER(10,0)	Yes	
ERFASS_ART	NUMBER(10,0)	Yes	
VW_GEM_NAME	NVARCHAR2(100 CHAR)	Yes	
PLACENAME	NVARCHAR2(100 CHAR)	Yes	
GEOM	ST_GEOMETRY	Yes	
ID	NUMBER	Yes	
CIDOC_KLASSEN_ID	NUMBER	Yes	

9.5 Beziehungstabellen

Objektbeziehungen

olumn Name	Data Type	Nullable	Primary Key
ID	NUMBER	No	1
ID1	NUMBER	No	
ID2	NUMBER	Yes	
ID_THES	NUMBER	Yes	
NOTE	VARCHAR2(4000 BYTE)	Yes	
PUBLIZIERSTUFE	NUMBER(5,0)	Yes	
CUSER	VARCHAR2(30 BYTE)	Yes	
CDATE	DATE	Yes	
MUSER	VARCHAR2(30 BYTE)	Yes	
MDATE	DATE	Yes	
RELATION	VARCHAR2(100 BYTE)	Yes	

Ortsbeziehungen

Column Name	Data Type	Nullable	Primary Key
ID	NUMBER	No	1
ID1	NUMBER	No	
ID2	NUMBER	Yes	
ID_THES	NUMBER	Yes	
NOTE	VARCHAR2(4000 BYTE)	Yes	
PUBLIZIERSTUFE	NUMBER(5,0)	Yes	
CUSER	VARCHAR2(30 BYTE)	Yes	
CDATE	DATE	Yes	
MUSER	VARCHAR2(30 BYTE)	Yes	
MDATE	DATE	Yes	

9.6 SQL-Abfragen und Views (Datenbank Sichten)

9.6.1 Objekthierarchie: HIMAT_OBJ_HIERARCHIE_V01

Die View Objekthierarchie dient der Umwandlung der ontologischen Netzstruktur in eine hierarchische Baumstruktur mit den Orten als Wurzelelemente.

Viewstruktur

Column Name	Data Type
PID	NUMBER
ID	NUMBER
BEZIEHUNG	VARCHAR2(4000)
OBJEKT	VARCHAR2(304)
KLASSE	VARCHAR2(5)
INFO	VARCHAR2(4000)

Beispieldaten

Hier sind alle Elemente, die das *Merkmal* „Mauk F Schwarzenberg Moos" als Elternelement haben aufgelistet. Der *Ort* „Schwarzenberg-Moos (Mauk F)" ist als Elternelement des *Merkmals* ebenfalls in der Liste.

PID	ID	BEZIEHUNG	OBJEKT	KL
1	115082	(null)	E53 Schwarzenberg-Moos (Mauk F)	E53
115082	178331	hat früheren oder derzeitigen Standort ...	E26 Mauk F Schwarzenberg Moos	E26
178331	175603	bezieht sich auf	E73 Goldenberg G et al.ppt / Prähistorisch...	E73
178331	175857	bezieht sich auf	E73 Moser_M_MaukF_07_08.avi / Animatio...	E73
178331	176030	bezieht sich auf	E73 Grabungsdokumentation Schwarzenb...	E73
178331	176064	bezieht sich auf	E73 Draufsicht Laserscan-Punktwolke Gr...	E73
178331	176275	bezieht sich auf	E73 Laserscan Grabung Schwarzenberg-...	E73
178331	176276	bezieht sich auf	E73 Laserscan im Nebel / Laserscan im N...	E73
178331	176737	ist zusammengesetzt aus (P46)	E19 Mauk F Holzmesser	E19
178331	176738	ist zusammengesetzt aus (P46)	E19 Mauk F Holztrog	E19
178331	176739	ist zusammengesetzt aus (P46)	E19 Mauk F Sedimentkern Geonor	E19
178331	176751	vermaß (wurde vermessen durch) (P39)	E7 Geländeaufnahme Schwarzenbergmoos	E7
178331	176752	vermaß (wurde vermessen durch) (P39)	E7 Vermessung Mauken Juli 2007	E7
178331	176755	vermaß (wurde vermessen durch) (P39)	E7 Vermessungen Mauken Sept 2007	E7
178331	176758	benutzte das bestimmte Objekt / wurde...	E7 MaukF Archäologische Ausgrabung 20...	E7
178331	176766	vermaß (wurde vermessen durch) (P39)	E7 dendrochronologische Analyse - archä...	E7
178331	176772	vermaß (wurde vermessen durch) (P39)	E7 MaukF Grabungsdokumentation Schwa...	E7
178331	176790	vermaß (wurde vermessen durch) (P39)	E7 MaukF Analyse des 2. Bohrkernes vom...	E7
178331	176815	vermaß (wurde vermessen durch) (P39)	E7 MaukF Analyse des 1. Bohrkernes vom...	E7
178331	178446	vermaß (wurde vermessen durch) (P39)	E7 MaukF Analyse des 3. Bohrkernes vom...	E7
178331	178448	vermaß (wurde vermessen durch) (P39)	E7 MaukF Analyse des 4. Bohrkernes vom...	E7
178331	378515	vermaß (wurde vermessen durch) (P39)	E7 Beprobung archäologischer / subfossil...	E7
178331	378902	vermaß (wurde vermessen durch) (P39)	E7 Analyse Oberflächenproben Schwarz...	E7

Viewdefinition:

select NULL as pid, 1 as id, '' as Beziehung,'Places' as Objekt,'class' as Klasse,'info' as info from dual
union
select 1 as pid, hp.id as id, '' as Beziehung, 'E53 ' || hp.placename as Objekt,'E53' as Klasse,'info' as info
from himat_intersect i, himat_points hp here hp.id=i.id2
union
select i.id2 as pid, i.id1 as id, e55.term as Beziehung, 'E26 ' || e26.titel as Objekt,'E26' as Klasse, e26.info
from himat_intersect i, himat_e26_merkmale e26, himat_points hp, himat_e55_thes e55
where hp.id=i.id2 and e26.id=i.id1 and e55.fid= i.id_thes
union
select i.id2 as pid, i.id1 as id, e55.term as Beziehung, 'E7 ' || e7.titel as Objekt,'E7' as Klasse, e7.info
from himat_intersect i,himat_e26_merkmale e26, himat_e7_activities e7, himat_e55_thes e55
where e7.id=i.id1 and e26.id=i.id2 and e55.fid= i.id_thes
union
select i.id1 as pid, i.id2 as id, e55.term as Beziehung, 'E19 ' || e19.titel as Objekt,'E19' as Klasse, e19.info
from himat_intersect i, himat_e19_gegenstaende e19, himat_e26_merkmale e26, himat_e55_thes e55
where e19.id=i.id2 and e26.id=i.id1 and e55.fid= i.id_thes
union
select i.id2 as pid, i.id1 as id, e55.term as Beziehung, 'E73 ' || e73.titel as Objekt,'E73' as Klasse, e73.info
from himat_intersect i, himat_e73_info_obj e73, himat_e26_merkmale e26, himat_e55_thes e55
where e73.id=i.id1 and e26.id=i.id2 and e55.fid= i.id_thes
union
select i.id2 as pid, i.id1 as id, e55.term as Beziehung, 'E73 ' || e73.titel as Objekt,'E73' as Klasse, e73.info
from himat_intersect i, himat_e73_info_obj e73, himat_e19_gegenstaende e19, himat_e55_thes e55
where e73.id=i.id1 and e19.id=i.id2 and e55.fid= i.id_thes
union
select i.id1 as pid, i.id2 as id, e55.term as Beziehung, 'E39 ' || e39.akteur as Objekt,'E39' as Klasse, e39.email
from himat_intersect i, himat_e39_personen e39, himat_e7_activities e7, himat_e55_thes e55
where e7.id=i.id1 and e39.id=i.id2 and e55.fid= i.id_thes
union
select i.id2 as pid, i.id1 as id, e55.term as Beziehung, 'E73 ' || e73.titel as Objekt,'E73' as Klasse, e73.info
from himat_intersect i, himat_e73_info_obj e73, himat_points hp, himat_e55_thes e55
where hp.id=i.id2 and e73.id=i.id1 and e55.fid= i.id_thes
union
select i.id2 as pid, i.id1 as id, e55.term as Beziehung, 'E7 ' || e7.titel as Objekt,'E7' as Klasse, e7.info
from himat_intersect i, himat_e7_activities e7, himat_points hp, himat_e55_thes e55
where hp.id=i.id2 and e7.id=i.id1 and e55.fid= i.id_thes
union
select i.id2 as pid, i.id1 as id, e55.term as Beziehung, 'E73 ' || e73.titel as Objekt,'E73' as Klasse, e73.info
from himat_intersect i, himat_e73_info_obj e73, himat_e7_activities e7, himat_e55_thes e55
where e73.id=i.id1 and e7.id=i.id2 and e55.fid= i.id_thes
union
select i.id2 as pid, i.id1 as id, e55.term as Beziehung, 'E7 ' || e7.titel as Objekt,'E7' as Klasse, e7.info
from himat_intersect i, himat_e19_gegenstaende e19, himat_e7_activities e7, himat_e55_thes e55
where e7.id=i.id1 and e19.id=i.id2 and e55.fid= i.id_thes

9.6.2 Baumstruktur für Objekthierarchie mit zugeordneten Thesaurusbegriffen und zugeordnetem Ort: HIMAT_OBJ_HIER_ROOT_V01

Dieser view dient dem Aufbau der Baumstruktur aus der view HIMAT_OBJ_HIERARCHIE_V01 mit der zusätzlichen Aneinanderreihung der jedem Element zugeordneten Thesaurusbegriffe. Über die E53_ID ist für jedes Objekt der durch die Hierarchie definierte Ort verfügbar. Wieder sind alle Elemente, die das *Merkmal* „Mauk F Schwarzenberg Moos" als Elternelement haben aufgelistet.

Viewstruktur & Beispieldaten:

Column Name	Data Type
TITLE	VARCHAR2(4000)
URL	VARCHAR2(114)
PID	NUMBER
ID	NUMBER
INFO	VARCHAR2(4000)
KLASSE	VARCHAR2(5)
E53_ID	NUMBER
THES	VARCHAR2(4000)
PFAD	VARCHAR2(4000)
STUFE	NUMBER

PID	ID	TITLE	E53 ID	THES
1	115082	E53 Schwarzenberg-Moos (Mauk F)	115082	(null)
115082	178331	...E26 Mauk F Schwarzenberg Moos	115082	Archäologie	Botanik	Dendrochronologie	N
178331	175603	......E73 Goldenberg G et al.ppt / Prähistorisch...	115082	(null)
178331	175857	......E73 Moser_M_MaukF_07_08.avi / Animati...	115082	(null)
178331	176030	......E73 Grabungsdokumentation Schwarzen...	115082	Foto
178331	176064	......E73 Draufsicht Laserscan-Punktwolke Gr...	115082	Foto	3D Modell
178331	176275	......E73 Laserscan Grabung Schwarzenberg...	115082	Foto	3D Modell
178331	176276	......E73 Laserscan im Nebel / Laserscan im N...	115082	Foto
178331	176737	......E19 Mauk F Holzmesser	115082	Holz	Bergbau	Gewinnung	Zermalmende (
178331	176738	......E19 Mauk F Holztrog	115082	Biologische Materialien	Holz	Materieller Ge
178331	176739	......E19 Mauk F Sedimentkern Geonor	115082	Material (E57)	Biologische Materialien	Polle
178331	176751	......E7 Geländeaufnahme Schwarzenbergmoos	115082	Forschungshandlung (E7)	Messung (E16)	
178331	176752	......E7 Vermessung Mauken Juli 2007	115082	Vermessung
178331	176755	......E7 Vermessungen Mauken Sept 2007	115082	Vermessung
178331	176758	......E7 MaukF Archäologische Ausgrabung 20...	115082	Forschungshandlung (E7)	Ausgrabungen	
178331	176766	......E7 dendrochronologische Analyse - arch...	115082	Forschungshandlung (E7)	Messung (E16)	
178331	176772	......E7 MaukF Grabungsdokumentation Schw...	115082	Forschungshandlung (E7)	Messung (E16)	

Viewdefinition-

select lpad('.', (level - 1) * 3,'.') || oh.objekt as title,
'http://orawww.uibk.ac.at/apex/himat/f?p=20090904:11::up:NO::P11_TREE_ROOT:'||oh.id as url,
oh.pid,oh.id,oh.info,oh.Klasse,CONNECT_BY_ROOT oh.id E53_id,
REPLACE((SELECT DISTINCT wm_concat(t.term) FROM himat_intersect i, himat_e55_thes t
    WHERE i.id1 = oh.id
    AND i.id2 IS NULL
    AND i.id_thes = t.fid), ',', ' | ') thes,
       SYS_CONNECT_BY_PATH(oh.objekt, ' @ ') Pfad,
level as stufe
from himat_obj_hierarchie_V01 oh where CONNECT_BY_ROOT oh.objekt like 'E53%' connect by prior oh.id = oh.pid

9.7 Tabellarische Auswertungen für Forschungshandlungen

Für die Durchführung der Abfragen wurden für Personen und Forschungshandlungen views mit allen zugehörigen Thesaurusbegriffen aufgebaut.

9.7.1 View Personen mit Typus: himat_e39_e55_all_v01

Diese View enthält Personen und alle beigefügten Thesaurusbegriffe

Viewdefinition:

SELECT m.id id, m.vorname,m.nachname,
    REPLACE((SELECT DISTINCT wm_concat(t.term) FROM himat_intersect i, himat_e55_thes t
        WHERE i.id1 = m.id
        AND i.id2 IS NULL
        AND i.id_thes = t.fid), ',', ' | ') thes
 FROM himat_e39_personen m

Beispieldaten:

ID	VORNAME	NACHNAME	THES
178391	Erica	Hanning	PP07
178435	Anja	Masur	(null)
378770	Lukas	Furtenbach	PP13_Dendrochronologie
378855	Richard	Hitzenberger	(null)
176942	Peter	Anreiter	Projektteile	PP03
176943	Thomas	Bachnetzer	Bergkristall	Hornstein	Menschliche Gruppe (E74)	Projektteile	PP05	Radiolarit
176944	Daniel	Bechter	PP10
176945	Karl-Ernst	Behre	(null)
176946	Gebhard	Bendler	PP04
176947	Reinhard	Bodner	PP04
176948	Nicole	Boenke	(null)
176949	Michael	Brandl	PP05
176950	Elisabeth	Breitenlechner	Pollenanalyse	PP11
176951	Josef	Brunner	Menschliche Gruppe (E74)	Projektteile	PP03	PP04	Geschlecht(m/w)	Gewährsperson
176952	Günter	Chesi	PP14
176953	Sabine	Deschler-Erb	PP12_Archaeozoologie
176954	Hans	Donau	(null)
176955	Ursula	Ertl	Menschliche Gruppe (E74)	soziale Gruppen	Familie	Bergverwandte
176956	Rudolf	Frankowitsch	(null)
176957	Gert	Goldenberg	Menschliche Gruppe (E74)	Projektteile	PP06

9.7.2 View Forschungshandlungen mit Typus: himat_e7_e55_all_v01:

Diese View enthält Forschungshandlungen und alle beigefügten Thesaurusbegriffe

Viewdefinition:

SELECT m.id id, m.titel,
  REPLACE((SELECT DISTINCT wm_concat(t.term) FROM himat_intersect i,
himat_e55_thes t
    WHERE i.id1 = m.id
    AND i.id2 IS NULL
    AND i.id_thes = t.fid), ',', ' | ') thes
FROM himat_e7_activities m

Beispieldaten:

ID	TITEL	THES
378916	Vermessung Abri Krahnsattel	Vermessung
176746	Vermessungsarbeiten am Kiechlberg, Thaur	Forschungshandlung (E7)	Messung (E16)	Vermessung
176747	FeuKWT Am Feuerstein / Kleinwalsertal - Ausgrabung 20...	Forschungshandlung (E7)	Ausgrabungen	Forschungsgrabung	A
176748	PP 06: Grabung Kiechlberg 1, Thaur	Forschungshandlung (E7)	Ausgrabungen	Forschungsgrabung
176749	Mauk E, Grabung 2007	Forschungshandlung (E7)	Ausgrabungen	Forschungsgrabung	A
176750	Grabung Schmelzplatz Mauk A 2007	Forschungshandlung (E7)	Ausgrabungen	Forschungsgrabung
176751	Geländeaufnahme Schwarzenbergmoos	Forschungshandlung (E7)	Messung (E16)	Vermessung
176752	Vermessung Mauken Juli 2007	Vermessung
176753	PP11: Probenentnahme Kiechlberg	(null)
176754	PP 04: Interviewserie 1 zu den Felsstürzen am Eiblschrof...	Quellenanalyse	Europäische Ethnologie/Volkskunde	Bergbau	Ber
176755	Vermessungen Mauken Sept 2007	Vermessung
176757	Grabung Grubalacke / Rofan - 2008	Forschungshandlung (E7)	Ausgrabungen	Forschungsgrabung	D
176758	MaukF Archäologische Ausgrabung 2008	Forschungshandlung (E7)	Ausgrabungen	Forschungsgrabung	A
176759	Grabung Schmelzplatz Mauk A 2008	Ausgrabungen	Forschungsgrabung	Bergbau	Arbeitsalltag	Spät
176760	Mauk E Archäologische Ausgrabung 2008	Forschungshandlung (E7)	Forschungsgrabung	Archäologie	Tect
176761	Archäologische Ausgrabung PP06, Thaur-Kiechlberg	Forschungshandlung (E7)	Makrorestanalyse	14C	Geophysik	AL
176762	Vermessung Holztrog	Vermessung
176763	Erstellung einer Rohmaterialdatenbank	Forschungshandlung (E7)	Thema/Begrifflicher Gegenstand (E28)	
176764	Prospektion zur Bergkristalllagerstätte am Riepenkar / Zill...	Forschungshandlung (E7)	Prospektion	Geländebegehung	Thema
176765	dendrochronologische Analyse - neuzeitliche Hölzer - Gr...	Forschungshandlung (E7)	Messung (E16)	Dendrochronologie	Ne
176766	dendrochronologische Analyse - archäologische und su...	Forschungshandlung (E7)	Messung (E16)	Dendrochronologie	PP
176767	Synchrone Namenerhebung Schwaz	Forschungshandlung (E7)	Onomastik	Zeitbenennung (E49)	Epocl
176768	Diachrone Familiennamenerhebung Schwaz	Forschungshandlung (E7)	Quellenanalyse	Onomastik	Zeitbenenr
176769	Geologische und Petrologische Untersuchung der Kupfer...	Forschungshandlung (E7)	Prospektion	Geländebegehung	Minera
176770	Laserscanning Holztrog	Forschungshandlung (E7)	Messung (E16)	Vermessung	PP14
176771	MaukF Modellierung Holztrog	Forschungshandlung (E7)	Messung (E16)	Vermessung
176772	MaukF Grabungsdokumentation Schwarzenbergmoos	Forschungshandlung (E7)	Messung (E16)	Vermessung	Geoinfor
176773	Formerfassung Grube E	Forschungshandlung (E7)	Messung (E16)	Vermessung
176774	Boda Grabung Bodaweg/Bartholomäberg 2005-2008	Forschungshandlung (E7)	Messung (E16)	14C	AMS	Ausgrabun
176775	Geochemische Charakterisierung der Erzvorkommen am ...	Forschungshandlung (E7)	Messung (E16)	quantitative Geochemie
176776	Tierknochenanalyse Mauk A	Forschungshandlung (E7)	Messung (E16)	Zoologie	PP12_Archae
176777	Tierknochenanalyse Kiechlberg, Thaur	Forschungshandlung (E7)	Messung (E16)	Zoologie	PP12_Archae

9.7.3 Liste der Forschungshandlungen

SQL-Syntax:

```
select distinct e39.nachname, e39.vorname, e7.id as Forschung_ID, e7.titel,
REPLACE((SELECT wm_concat(' '||e39_1.nachname||' '  ( '||e39_1.thes||') ') FROM himat_intersect i,
himat_e39_e55_all_v01 e39_1
    WHERE i.id1= e7.id
    AND i.id2 = e39_1.id), ',', ' *** ') Personen,
    ohr.id as Place,
    e7_e55.thes Forschungshandlung
from  himat_e7_activities  e7  left  JOIN  HIMAT_OBJ_HIER_ROOT_V01  ohr  on  e7.id=ohr.id,
himat_e39_personen e39,HIMAT_E7_E55_ALL_V01 e7_e55
where lower(e39.username) = lower(e7.muser)
and e7.id = e7_e55.id
order by e39.nachname
```

Beispieldaten:

NACHNAME	VORNAME	FORSCH	TITEL	PERSONEN	PLACE	FORSCHUNGSHANDLUNG
Bachnetzer	Thomas	176757	Grabung Grubalacke / Rofan - 2008	Bachnetzer (Bergkristall | Hornstein | M	176757	Forschungshandlung (E7) | Ausgrabungen | Forsch
Bachnetzer	Thomas	378486	Grabung "Am Feuerstein" / Kleinwalsertal - 200			
Bachnetzer	Thomas	378487	Grabung "Am Feuerstein" / Kleinwalsertal - 200			
Bachnetzer	Thomas	176831	Grabung Grubalacke / Rofan - 2009	Bachnetzer (Bergkristall | Hornstein | M	176831	Forschungshandlung (E7) | Ausgrabungen | Forsch
Bachnetzer	Thomas	178394	Prospektion zur Silexlagerstätte am Rothornjoc	Bachnetzer (Bergkristall | Hornstein | M	178394	Streufund | Prospektion | Geländebegehung | Stein
Bachnetzer	Thomas	378489	Grabung Krahnsattel / Rofan - 2009			
Bachnetzer	Thomas	176764	Prospektion zur Bergkristalllagerstätte am Riep	Bachnetzer (Bergkristall | Hornstein | M	176764	Forschungshandlung (E7) | Prospektion | Gelände
Bachnetzer	Thomas	176843	Prospektion zur Bergkristalllagerstätte am Riep	Bachnetzer (Bergkristall | Hornstein | M	176843	Forschungshandlung (E7) | Ausgrabungen | Sonda
Bodner	Reinhard	176812	Erschließung der Bibliothek und des Bergbaua	Bendler (PP04) *** Bodner (PP04)		Forschungshandlung (E7) | Quellenanalyse | Them
Bodner	Reinhard	178468		Bodner (PP04)		
Breitenlechner	Elisabeth	178441	Analyse Bohrkern Kreuzbergmoos1			Pollenanalyse | 14C | quantitative Geochemie | QI
Breitenlechner	Elisabeth	176789	Probenentnahme Nr.2 Schwarzenbergmoos B	Breitenlechner (Pollenanalyse | PP11)	176789	
Breitenlechner	Elisabeth	176783	Prospektionsbohrung Wildersee und Sulzenbac	Breitenlechner (Pollenanalyse | PP11)		
Breitenlechner	Elisabeth	176805	Kogel Schwermetallanalysen	Lutz (PP09)	176805	Forschungshandlung (E7) | Messung (E16) | quant
Breitenlechner	Elisabeth	176787	Analyse des Prospektionsbohrkernes Sulzenba	Breitenlechner (Pollenanalyse | PP11)		
Breitenlechner	Elisabeth	176785	Übersichtsanalyse der Kassetten vom Schwarz	Breitenlechner (Pollenanalyse | PP11)	176785	
Breitenlechner	Elisabeth	176776	Prospektionsbohrung Kogelmoos bei Schwaz/O	Breitenlechner (Pollenanalyse | PP11)	176778	
Breitenlechner	Elisabeth	176437	Analyse Bohrkern Wildersee			
Breitenlechner	Elisabeth	176441	Probenentnahme Wildersee II und Kreuzbergm	Breitenlechner (Pollenanalyse | PP11)		
Breitenlechner	Elisabeth	176781	Analyse des Bohrkernes Kogelmoos	Breitenlechner (Pollenanalyse | PP11)	176781	Forschungshandlung (E7) | Messung (E16) | Poller
Breitenlechner	Elisabeth	176780	Probenentnahme Schwarzenbergmoos bei Brix	Breitenlechner (Pollenanalyse | PP11)	176780	
Breitenlechner	Elisabeth	178446	MaukF Analyse des 3. Bohrkernes vom Schwa			
Breitenlechner	Elisabeth	176784	Analyse des Prospektionsbohrkernes Wilderse	Breitenlechner (Pollenanalyse | PP11)		
Breitenlechner	Elisabeth	176779	Analyse des Prospektionsbohrkernes Kogelmo	Breitenlechner (Pollenanalyse | PP11)	176779	Pollenanalyse
Breitenlechner	Elisabeth	176786	Übersichtsanalyse des Bohrkernes vom Schwa	Breitenlechner (Pollenanalyse | PP11)		
Breitenlechner	Elisabeth	176782	Probenentnahme für Geochemie Kogelmoos	Breitenlechner (Pollenanalyse | PP11)	176782	
Breitenlechner	Elisabeth	178448	MaukF Analyse des 4. Bohrkernes vom Schwa			
Breitenlechner	Elisabeth	178439	Analyse Bohrkern Kreuzbergmoos2			
Breitenlechner	Elisabeth	176788	Probenentnahme von Oberflächenproben Kogel	Breitenlechner (Pollenanalyse | PP11)	176788	
Breitenlechner	Elisabeth	176815	MaukF Analyse des 1. Bohrkernes vom Schwa	Breitenlechner (Pollenanalyse | PP11)		
Cassitti	Patrick	378492	Antrag PP16	Cassitti (Projektteile | PP16)		
Haider	Margret	378825	PP 04 und PP 02: Oral-History-Projekt zu Salz	Haider (PP04) *** Unterkircher (PP0	378825	Geschichte | Montanwissenschaften | Onomastik
Haider	Margret	378816	PP 04: Archivforschungen zur Geschichte des	Bodner (PP04)	378816	Geschichte | Arbeitsorganisation | Bergbaukritik | B
Haider	Margret	378813	PP 04: Interviewreihe 2 zu den Felsstürzen am	Bodner (PP04) *** Haider (PP04)	378813	Europäische Ethnologie/Volkskunde | Arbeitsorgar
Haider	Margret	378823	PP 04: Exkursion "Die Felsstürze am Eiblsch(	Bodner (PP04) *** Haider (PP04)	378823	Geschichte | Montanwissenschaften | Europäische
Haider	Margret	378826	PP 04: Exkursion "Digging for Symbols". Eine	Bodner (PP04) *** Haider (PP04)	378826	Archäologie | Geschichte | Montanwissenschaften

Aus dieser Liste können nun jene Forschungshandlungen gefiltert werden, denen keine PERSON oder kein PLACE zugeordnet sind. NACHNAME und VORNAME bezieht sich jeweils auf die Person, die diese Forschungshandlung eingegeben hat.

9.7.4 Summe der Forschungshandlungen pro Ort, gegliedert nach Projektteilen

Um die Summe der Forschungshandlungen zu berechnen wird die im vorherigen Abschnitt definierte SQL Abfrage als View angelegt mit dem Namen : HIMAT_E7_E39_E55_E53_FLAG_V01. Die folgende SQL-Abfrage erzeugt dann jene Tabelle, die als Basis für die Im GIS dargestellten Tortendiagramme dient. Die Abfrage benötigt relativ viel Zeit (fast 2 min), da sie auf mehrere Views hintereinander zugreift. Optimierungen von SQL Spezialisten wären hier wichtig. Im Zuge dieser Arbeit ging es darum die Machbarkeit zu zeigen.

SQL-Syntax:

select view_e7.e53_id,
(select count(*) from himat_e7_e39_e55_e53_flag_v01 view_e7_2 where view_e7_2.Personen like '%PP02%' and view_e7_2.e53_id = view_e7.e53_id) as PP02,
(select count(*) from himat_e7_e39_e55_e53_flag_v01 view_e7_3 where view_e7_3.Personen like '%PP03%' and view_e7_3.e53_id = view_e7.e53_id) as PP03,
(select count(*) from himat_e7_e39_e55_e53_flag_v01 view_e7_4 where view_e7_4.Personen like '%PP04%' and view_e7_4.e53_id = view_e7.e53_id) as PP04,
(select count(*) from himat_e7_e39_e55_e53_flag_v01 view_e7_5 where view_e7_5.Personen like '%PP05%' and view_e7_5.e53_id = view_e7.e53_id) as PP05,
(select count(*) from himat_e7_e39_e55_e53_flag_v01 view_e7_6 where view_e7_6.Personen like '%PP06%' and view_e7_6.e53_id = view_e7.e53_id) as PP06,
(select count(*) from himat_e7_e39_e55_e53_flag_v01 view_e7_7 where view_e7_7.Personen like '%PP07%' and view_e7_7.e53_id = view_e7.e53_id) as PP07,
(select count(*) from himat_e7_e39_e55_e53_flag_v01 view_e7_8 where view_e7_8.Personen like '%PP08%' and view_e7_8.e53_id = view_e7.e53_id) as PP08,
(select count(*) from himat_e7_e39_e55_e53_flag_v01 view_e7_9 where view_e7_9.Personen like '%PP09%' and view_e7_9.e53_id = view_e7.e53_id) as PP09,
(select count(*) from himat_e7_e39_e55_e53_flag_v01 view_e7_10 where view_e7_10.Personen like '%PP10%' and view_e7_10.e53_id = view_e7.e53_id) as PP10,
(select count(*) from himat_e7_e39_e55_e53_flag_v01 view_e7_11 where view_e7_11.Personen like '%PP11%' and view_e7_11.e53_id = view_e7.e53_id) as PP11,
(select count(*) from himat_e7_e39_e55_e53_flag_v01 view_e7_12 where view_e7_12.Personen like '%PP12%' and view_e7_12.e53_id = view_e7.e53_id) as PP12,
(select count(*) from himat_e7_e39_e55_e53_flag_v01 view_e7_13 where view_e7_13.Personen like '%PP13%' and view_e7_13.e53_id = view_e7.e53_id) as PP13,
(select count(*) from himat_e7_e39_e55_e53_flag_v01 view_e7_14 where view_e7_14.Personen like '%PP14%' and view_e7_14.e53_id = view_e7.e53_id) as PP14
from himat_e7_e39_e55_e53_flag_v01 view_e7
group by view_e7.e53_id

Beispieldaten:

E53_ID	PP02	PP03	PP04	PP05	PP06	PP07	PP08	PP09	PP10	PP11	PP12	PP13	PP14
153436	0	0	0	0	0	0	0	0	0	0	1	0	0
378780	0	0	0	0	0	0	0	0	0	0	1	0	0
125976	0	0	0	2	0	0	0	0	0	0	0	0	0
135259	0	0	0	0	1	0	0	0	0	0	0	4	1
150347	0	0	0	3	0	0	0	0	0	0	0	0	0
157242	8	0	0	0	0	0	0	0	0	0	0	0	0
134979	0	1	0	0	0	0	0	0	0	0	0	0	0
150349	0	0	0	0	0	0	1	1	1	0	0	0	0
378885	0	0	0	1	0	0	0	0	0	0	0	0	0
151508	0	0	0	1	0	0	0	0	0	0	0	0	0
378895	0	0	0	1	0	0	0	0	0	0	0	0	0
134293	0	0	0	1	0	0	0	0	0	0	0	0	0
124645	0	0	0	1	0	0	0	0	0	0	0	0	0
150348	0	0	0	0	0	0	0	0	0	0	0	2	0
378617	0	0	0	0	0	0	0	0	1	0	0	0	0
150102	0	0	0	3	0	0	0	0	1	0	0	0	1
115082	0	0	0	0	1	0	0	0	1	9	0	2	5
138560	0	0	0	0	0	0	0	0	0	4	0	0	0
154619	1	0	1	0	0	0	0	0	0	0	0	0	0
150467	0	0	3	0	0	0	0	0	0	0	0	0	0
134253	0	0	3	0	0	0	0	0	0	0	0	0	0
148799	0	0	1	0	2	0	0	0	1	0	0	4	3
154239	0	0	0	0	0	0	1	1	1	0	0	0	0
158166	0	1	0	0	0	0	0	0	0	0	0	0	0
147112	0	1	0	0	0	0	0	0	0	0	0	0	0
106105	0	1	0	0	0	0	0	0	0	0	0	0	0
106073	0	1	0	0	0	0	0	0	0	0	0	0	0
107548	0	0	0	0	0	1	0	1	0	0	0	0	0

10 Anhang C: Benutzeroberflächen

10.1 Content Management System (CMS)

Im bestehenden Content Management Systems wurde ein Prototyp zur Metadateneingabe entwickelt. Besondere Bedeutung kommt der Eingabe für die Thesaurusbegriffe (Klasse *Typus E55*) zu. Um die Zuordnung von Thesaurus Begriffen komfortabel und übersichtlich zu gestalten, war es notwendig, ein Zusatzmodul in das CMS einzubauen. Dieses ermöglicht die Zuordnung in einer Baumstruktur mit Mehrfachauswahl. Das Beispiel des Schwazer Bergbuches, das mit verschiedenen Begriffen verschlagwortet wird, illustriert die Vorgehensweise (Abbildung 65).

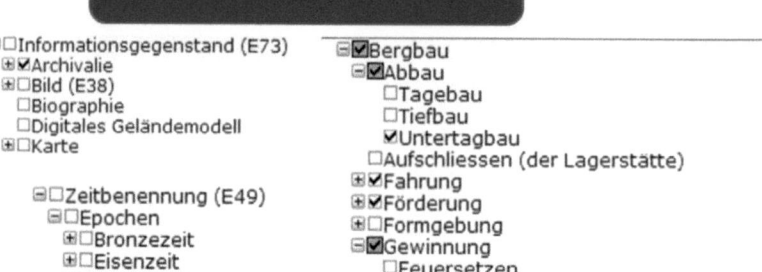

Abbildung 65: Beispiel für die Verschlagwortung des Schwazer Bergbuches über den Thesaurus

Über das CMS Interface kann nach diesen Begriffen gesucht werden (Abbildung 66). Damit stehen einheitliche Begriffe sowohl für die Verschlagwortung, als auch für die Suche nach Dokumenten zur Verfügung. Über die Objektlisten der CMS Benutzeroberfläche können Instanzen (z. B. „Mauk F Ausgrabungsplatz") von CIDOC CRM Klassen (z. B. *Materielles Merkmal*) eingegeben und mit anderen Instanzen in Beziehung gesetzt werden.

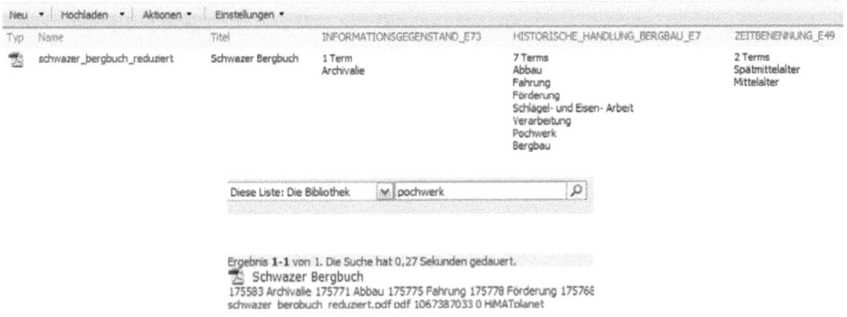

Abbildung 66: Beispiel für die Suche nach dem Begriff „Pochwerk"

Wie in Abbildung 67 auf der linken Seite dargestellt, kann die Instanz mit Thesaurus Begriffen zur näheren Spezifikation des *Materiellen Merkmals* verschlagwortet werden (Ausgrabungsplatz, Moor, Grabungsplatz...). Dadurch entsteht die Möglichkeit zur Klassifikation innerhalb der Liste und für Suchabfragen steht ein kontrolliertes Vokabular zur Verfügung. Dem neuen Element können dann Elemente aus anderen Metadatenlisten zugeordnet werden, beispielsweise der *Ort* „Schwarzenberg Moos (MaukF)" oder Dokumente, die sich als digitale Ressourcen (PDFs, Bilder,...) im CMS befinden (Abbildung 67 rechts). Im aktuellen Prototypen erfolgt die Zuordnung von räumlichen Objekten über das beschriebene Listeninterface. Die räumlichen Objekte selbst werden zentral in der in Abschnitt 5.3.3 beschriebenen gemeinsamen Datenbasis verwaltet und nur dort ist die Eingabe neuer räumlicher Objekte möglich, die dann in die CMS Liste übernommen werden.

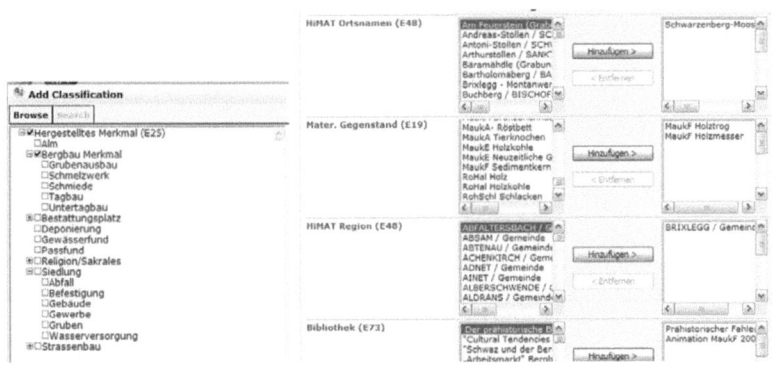

Abbildung 67: Eingabemasken: links die Maske zur Begriffszuordnung des Typus, rechts die Maske zur Zuordnung von Elementen aus anderen Listen

Ist das *Materielle Merkmal* „Mauk F Schwarzenberg Moos" vom *Typus* ‚Ausgrabungsplatz' einmal angelegt, kann es als Verknüpfungsobjekt für andere Eingaben dienen. Wird beispielsweise die *Forschungshandlung* „Dendrochronologische Auswertung" aufgenommen, die sich auf diesen Ausgrabungsplatz bezieht, so kann das *Materielle Merkmal* „Mauk F Schwarzenberg Moos" einfach hinzugefügt werden und erscheint dort als Link auf die in Abbildung 34 eingegebenen Informationen. Die Einführung dieses Prototypen ermöglicht eine Erfassung der Daten in der ontologisch definierten Struktur von Kapitel 4. Mit Hilfe dieser Daten kann getestet werden, ob die im konzeptionellen Teil entwickelte Struktur auch in der praktischen Anwendung die benötigten Informationen abbildet. Über die Liste der Ortsinformationen war auch eine Darstellung der Daten im GIS möglich, die aber erst einen Export der Daten aus dem CMS erforderte. Diese mit Hilfe des Prototypen erhobenen Datenbestände bildeten die Basis zur Entwicklung einer Datenbankstruktur und die Erfahrungen mit der CMS Benutzeroberfläche können für das Design der Datenbank Benutzerschnittstelle herangezogen werden.

10.2 Datenbank

Für jede der Objektinstanzentabellen wurde eine eigene Klassenseite geschaffen, die über Tabulatoren am oberen Seitenrand erreichbar ist. Die Seite selbst ist in einen linken, mittleren und rechten Teil gegliedert. In Abbildung 68 sind der linke und mittlere Teil dargestellt. Im linken Teil jeder Klassenseite kann über Filteroptionen (Textteile des Titels oder zugeordnete Thesaurusbegriffe) eine Instanz dieser Klasse ausgewählt werden. Die hierarchische Struktur des Thesaurus mit der entsprechenden Datenbankrepräsentation erlaubt es bei der Auswahl eines Thesaurusbegriffes auch jene Instanzen anzuzeigen, die mit einem Unterbegriff verschlagwortet sind.

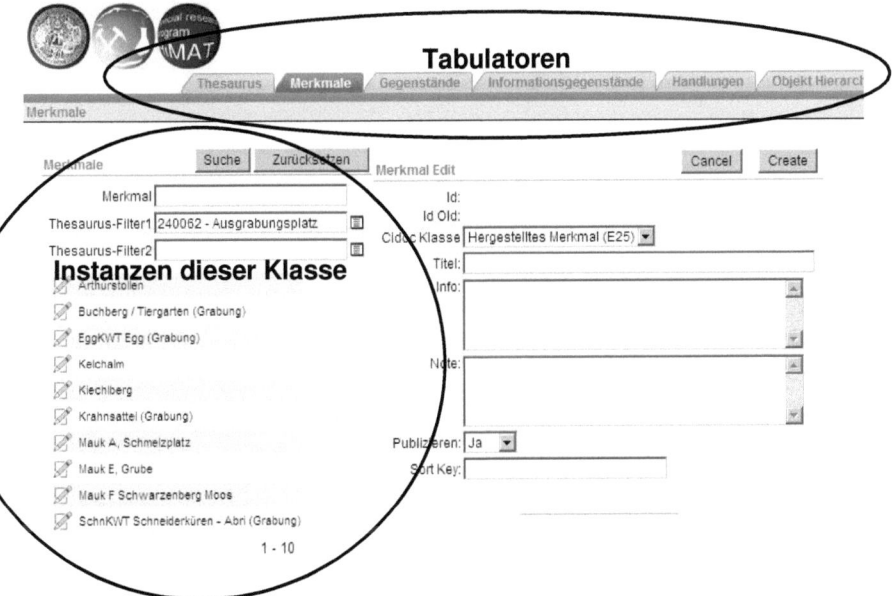

Abbildung 68: Benutzerschnittstelle mit Tabulatoren zur Auswahl der Seite für spezifische Klassen am oberen Seitenrand und Filteroptionen im linken Teil der Seite

Im mittleren Teil der Seite erscheint die gewählte Instanz mit ihren direkt zugeordneten Eigenschaften, die sich in Feldern der Objektinstanzentabelle befinden. Bei einigen Klassen sind dies nur der Titel, eine Info und die erzeugende Person, bzw. die verändernde Person. Bei der Klasse Person oder Informationsobjekt sind dies wesentlich mehr Informationen wie beispielsweise Geburtsdatum, email Adresse oder Telefonnummer bei Personen.

Abbildung 69 zeigt die Seite für die Klasse Materielles Merkmal mit der Instanz „Mauk F Schwarzenberg Moos". Der rechte Teil der Seite enthält verknüpfte Thesaurusbegriffe und Instanzen von verknüpften Klassen. Dabei ist es möglich, die Inhalte von gewissen Verknüpfungen ein- oder auszublenden. In Abbildung 69 wurden die Inhalte von „Verknüpfungen Thesaurus" und „Verknüpfungen Informationsgegenstände" ausgeblendet, während Verknüpfungen zu Gegenständen, Orten und Handlungen angezeigt werden. Durch einen Klick auf eine verknüpfte Instanz wird auf die Seite dieser Klasse gewechselt und die gewählten Instanz angezeigt.

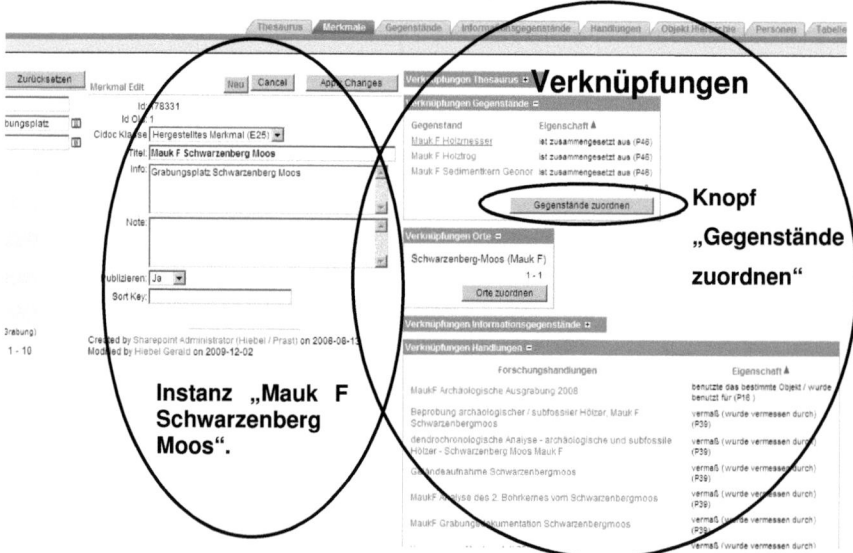

Abbildung 69: Benutzerschnittstelle mit Verknüpfungen auf der rechten Seite

Knöpfe unterhalb der zugeordneten Instanzen ermöglichen die Zuordnung neuer Instanzen. Wird beispielsweise der Knopf „Gegenstände zuordnen" gedrückt, so erfolgt der Wechsel auf die in Abbildung 70 dargestellte Seite.

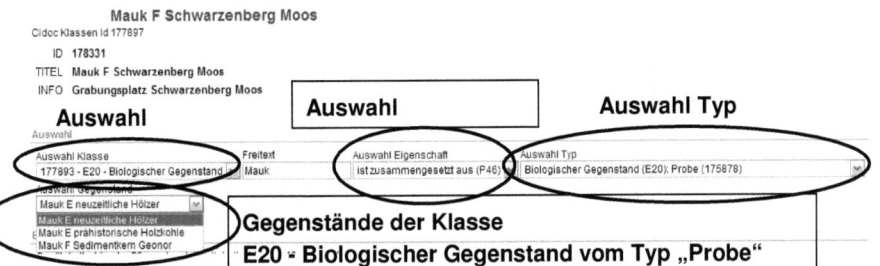

Abbildung 70: Benutzerschnittstelle zur Zuordnung von *Materiellen Gegenständen* zu *Materiellen Merkmalen*

Sie erlaubt es, dem aktuellen *Materiellen Merkmal* einen bereits eingegebenen *Materiellen Gegenstand* zuzuordnen. Unterschiedliche Filtermöglichkeiten grenzen die Liste der auswählbaren Gegenstände ein. In der Abbildung 70 wurde die Auswahl der Klasse auf „E20 – Biologischer Gegenstand" gesetzt. Über das Feld Freitext kann auf den Titel des Gegenstandes zugegriffen werden und über das Feld Auswahl Typ kann eine weitere Einschränkung der Liste erfolgen (in diesem Fall „Probe"). Mit Hilfe der hierarchischen Struktur des Thesaurus ist es möglich, bei „Auswahl Typ" auch über Oberbegriffe einzuschränken. Darauf erscheinen im Drop-down Menü von Auswahl Gegenstand nur Gegenstände der Klasse E20 - Biologischer Gegenstand vom Typ „Probe" oder eines Unterbegriffes von „Probe". Auf dieser Seite erfolgt auch die Auswahl der Eigenschaft, mit der diese beiden Instanzen miteinander verbunden werden sollen. Es werden nur jene Eigenschaften zur Auswahl angezeigt, die innerhalb der Ontologiedefinition (hier CIDOC CRM) möglich sind und in der Thesaurustabelle eingetragen wurden. Dies gewährleistet, dass nur jene ontologische Repräsentation geschaffen werden kann, die grundsätzlich über die Ontologie vorgegeben ist und über den Thesaurus weiter eingeschränkt wird. Die Erweiterung dieser Repräsentation, sollte es sinnvoll oder notwendig sein, erfolgt über den Thesaurus. Somit ist es möglich, mit derselben Benutzerschnittstelle unterschiedlich komplexe ontologische Repräsentationen zu bedienen.

Für die in Kapitel 5.5.4 beschriebene Aufbereitung der ontologisch strukturierten Daten für GIS Nutzung entwickelten wir eine Baumansicht in der Benutzerschnittstelle der Datenbank, die in Abbildung 71 dargestellt ist. In dieser Baumansicht kann navigiert werden, und wie schon beim Thesaurus können einzelne Verzweigungen geöffnet oder geschlossen werden. Ist ein Objekt ausgewählt, so werden alle anderen Verbindungen zu diesem Element, die sich nicht in diesem Baumzweig befinden angezeigt. In unserer

Abbildung 60 wurde aus dem Baumzweig mit der Wurzel „Schwarzenberg Moos" das Objekt „Goldenberg", das zur Klasse *Person* gehört, ausgewählt (rechts unten in der Abbildung). In den Feldern darüber werden dann weitere, mit dieser *Person* verknüpfte, Objekte angezeigt. In unserem Fall war Herr Goldenberg noch an der *Forschungshandlung* „Mauk E Ausgrabung" beteiligt. Diese Rückverknüpfung aus dem Baum ermöglicht die Navigation innerhalb des Netzwerkes mit einer gewählten Baumperspektive. Die SQL-Statements zum Aufbau dieser Baumstruktur sind in Anhang B (Kapitel 9.6) angegeben.

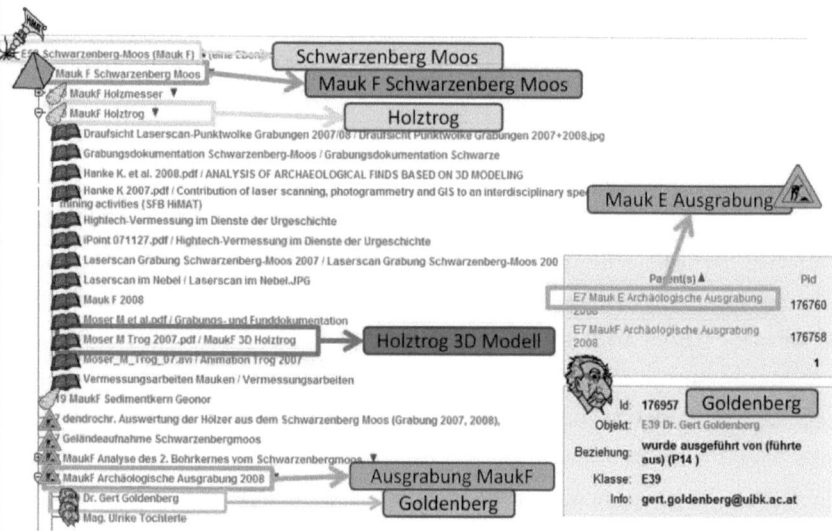

Abbildung 71: Baumstruktur der Daten innerhalb der Benutzeroberfläche

i want morebooks!

Buy your books fast and straightforward online - at one of world's fastest growing online book stores! Environmentally sound due to Print-on-Demand technologies.

Buy your books online at
www.get-morebooks.com

Kaufen Sie Ihre Bücher schnell und unkompliziert online – auf einer der am schnellsten wachsenden Buchhandelsplattformen weltweit! Dank Print-On-Demand umwelt- und ressourcenschonend produziert.

Bücher schneller online kaufen
www.morebooks.de

VDM Verlagsservicegesellschaft mbH
Heinrich-Böcking-Str. 6-8   Telefon: +49 681 3720 174   info@vdm-vsg.de
D - 66121 Saarbrücken   Telefax: +49 681 3720 1749 www.vdm-vsg.de

Printed by Books on Demand GmbH, Norderstedt / Germany